COMO REDIGIR
UMA BIBLIOGRAFIA

Arlette Boulogne
com a colaboração de
Sylvie Dalbin

COMO REDIGIR UMA BIBLIOGRAFIA

Tradução
ANDRÉA STAHEL M. DA SILVA

Revisão técnica
LIGIA ALVES CADEMARTORI

SÃO PAULO 2006

Esta obra foi publicada originalmente em francês com o título
COMMENT RÉDIGER UNE BIBLIOGRAPHIE
por Armand Colin, Paris.
Copyright © Nathan – Université/Vuef, 2002.
Copyright © 2006, Livraria Martins Fontes Editora Ltda.,
São Paulo, para a presente edição.

1ª edição *2006*

Tradução
Andréa Stahel M. da Silva

Revisão técnica
Ligia Alves Cademartori
Acompanhamento editorial
Maria Fernanda Alvares
Preparação do original
Andréa Stahel M. da Silva
Revisões gráficas
Ivani Aparecida Martins Cazarim
Solange Martins
Dinarte Zorzanelli da Silva
Produção gráfica
Geraldo Alves
Paginação
Moacir Katsumi Matsusaki

Dados Internacionais de Catalogação na Publicação (CIP)
(Câmara Brasileira do Livro, SP, Brasil)

Boulogne, Arlette
 Como redigir uma bibliografia / Arlette Boulogne ; com a
colaboração de Sylvie Dalbin ; tradução Andréa Stahel M. da
Silva ; revisão técnica Ligia Alves Cademartori. -- São Paulo :
WMF Martins Fontes, 2006. -- (Ferramentas)

 Título original: Comment rédiger une bibliographie.
 Bibliografia.
 ISBN 85-60156-10-0

 1. Referências bibliográficas – Normas I. Dalbin, Sylvie. II.
Título. III. Série.

06-7337   CDD-010.440218

Índices para catálogo sistemático:
1. Normas : Referências bibliográficas : Elaboração   010.440218
2. Referências bibliográficas : Elaboração : Normas   010.440218

Todos os direitos desta edição para o Brasil reservados à
Livraria Martins Fontes Editora Ltda.
Rua Conselheiro Ramalho, 330 01325-000 São Paulo SP Brasil
Tel. (11) 3241.3677 Fax (11) 3101.1042
e-mail: info@martinsfontes.com.br http://www.martinsfontes.com.br

Sumário

Nota à edição brasileira IX

Introdução 1

1. Elementos de dados para a descrição de documentos 13
   1. Introdução 14
   2. Os diferentes elementos de dados 17
      menções de responsabilidade, título, edição e/ou versão, publicações seriadas, publicação do documento, inclusive a data, características técnicas e materiais, coleções, disponibilidade dos documentos *on-line* e acesso a eles, números (internacionais) normalizados, "notas"
   3. As fontes de informação 48

2. Elementos de dados por categorias de documentos ... 53
   1. Categorias de documentos a serem referenciados ... 55
   2. Monografia, documento no todo (impresso, audiovisual, eletrônico) 62
   3. Publicação seriada no todo (impresso, audiovisual, eletrônico) 67
   4. Parte de monografia (impresso, audiovisual, eletrônico) 70

5. Contribuição a uma monografia (impresso, audiovisual, eletrônico) 74
6. Artigo e outras contribuições (impresso, audiovisual, eletrônico) 78
7. Fórum de discussão, *mailing list* e mensagem eletrônica 81
8. Documentos particulares, carta patente, norma, trabalhos universitários não publicados, relatório técnico-científico (em suporte papel e em suporte eletrônico) 83

3. REDAÇÃO DAS BIBLIOGRAFIAS 91
1. O que é uma bibliografia? 91
2. Escolha dos documentos a serem referenciados e incluídos em uma bibliografia 92
3. Qual categoria de bibliografia escolher? (notas de rodapé, lista de referências, bibliografia) 97
4. Redação das referências (lugar dos autores, maiúsculas, pontuação, aspectos gráficos) 100
5. Classificação das referências entre si, classificação das bibliografias 105
6. Formas de citação 109
7. Índice de uma bibliografia 116
8. Apresentação geral de uma bibliografia 117

4. BIBLIOGRAFIAS 119
A. Bibliografia sistemática 122
B. Bibliografia sistemática e cronológica 134
C. Bibliografia alfabética por nome de autor 143
D. Bibliografia temática 151

5. BIBLIOGRAFIA E INFORMÁTICA (SYLVIE DALBIN) 155

1. Como e por que automatizar a produção de bibliografias 155
2. Características dos *softwares* bibliográficos 157
3. Produtos disponíveis no mercado 165
4. Qual é o futuro dos *softwares* especializados? ... 169
5. Conclusão 172
6. Referências bibliográficas 172

CONCLUSÃO 175
ALGUMAS NORMAS ÚTEIS 177
ÍNDICE REMISSIVO.. 181

Nota à edição brasileira

O tratamento profissional da referência de documentos passa por transformações decorrentes da evolução do contexto tecnológico em que a informação é produzida. O desenvolvimento dos recursos eletrônicos modificou a noção clássica de documento, impondo alterações à nota bibliográfica tradicional. Com a internet, identificar também significa localizar, tornar possível o acesso ao documento citado, no que pese sua efemeridade.

Este livro apresenta formas de registro de documentos eletrônicos, escritos e audiovisuais. Combina o modelo tradicional de normalização bibliográfica, inspirado no *Manual para redação – monografias, teses e dissertações* de Kate L. Turabian, com as regras internacionais determinadas pela ISO – *International Standard Organization*. Afirma, assim, o caráter de diversidade das normas.

Não há padronização nos exemplos dados pela autora, pois o que pretende é descrever e propor formas. Como adverte, em lugar de prescrever regras obrigatórias, o que quer é propiciar ao leitor elementos para que decida quais formas propostas correspondem ao objetivo da bibliografia que ele quer elaborar.

Como redigir uma bibliografia auxilia estudantes, professores e profissionais que trabalham com documenta-

X \ *Como redigir uma bibliografia*

ção a discernir os dados fundamentais em uma referência a partir da identificação do meio, que vem a ser o fator determinante do registro.

Em livro com tal caráter não cabem adaptações. No entanto, anotações foram feitas nos casos em que a ABNT – Associação Brasileira de Normas Técnicas fixa condições diferentes como exigíveis na referência. Esses casos são mais freqüentes nos registros dos documentos escritos do que nos eletrônicos, conseqüência de um pressuposto do trabalho de Arlette Boulogne: o meio e o uso em escala mundial impõem a predominância da regra internacional.

Se é importante ter presente que não existem normas fixas para a redação de uma bibliografia, tampouco se deve esquecer que há comum acordo a respeito dos critérios que devem orientá-la. São eles a uniformidade e a legibilidade que permitem às bibliografias contribuir para a difusão do conhecimento.

Introdução

Uma bibliografia é uma lista de referências ou de notas bibliográficas classificadas de acordo com alguns critérios para permitir a identificação dos documentos referenciados.

A prática da elaboração de bibliografias é antiga. Ela cumpre um objetivo principal: permitir aos leitores conhecer os trabalhos que serviram para o desenvolvimento da problemática, o eixo de pesquisa de um trabalho, ou que estão na base de uma síntese ou de um escólio que acabam de ser feitos. A consulta de uma bibliografia informa a respeito da situação da literatura sobre certo assunto durante um período determinado. Permite identificar os autores "importantes", os editores, os títulos de revistas, os *sites web* necessários para se manter atualizado em uma área. Uma bibliografia distribuída como complemento de um curso ou por ocasião da preparação para um concurso dá as referências de documentos indispensáveis para dominar corretamente o objeto de ensino ou as provas do concurso.

Onde encontrar uma bibliografia?

No final de todos os trabalhos escritos: artigos de revistas, verbetes de enciclopédias, livros, trabalhos de pesquisa, sínteses etc., e também normas, patentes, relatórios (oficiais ou não), guias turísticos etc.

Com freqüência está presente em cursos ou programas de cursos, é fornecida no final de programas de televisão e de rádio. Está inclusa em todos os programas de ensino, de concursos e exames, de seminários e conferências. Também é encontrada na imprensa, especializada ou não, anunciando novas publicações.

As editoras publicam regularmente listas com suas publicações, as grandes livrarias também. Os locais que abrigam documentos (bibliotecas, centros de documentação, museus, centros culturais, centros de informação etc.) propõem bibliografias sobre assuntos atuais ou sobre o tema de um colóquio, nas quais reúnem todos os documentos que eles possuem sobre o assunto.

Como fazer uma bibliografia?

Uma bibliografia é o resultado de uma pesquisa documental que permitiu constituir um *corpus* de documentos sobre determinado assunto. Você conserva traços desses documentos "referenciando-os" e reúne suas diferentes referências em uma lista mais ou menos organizada, e de diversas maneiras.

Este livro se ocupa apenas da parte referente à redação da bibliografia; não trata nem do método e das ferramentas da pesquisa documental, nem dos modos de seleção dos documentos pertinentes. Saber redigir uma bibliografia é identificar bem os documentos e discernir os elementos indispensáveis para a descrição de cada um deles. É também conhecer as convenções comuns de transcrição, que facilitam a leitura e a utilização posterior das referências.

Introdução \ 3

As referências bibliográficas permitem identificar os documentos citados para que possam ser encontrados ou em um acervo documental particular, graças às diferentes ferramentas de descrição desse acervo (catálogo de biblioteca *on-line*, impresso ou até em fichas – isso ainda existe! –, bancos de dados, catálogos de editoras), ou na *web*. A referência bibliográfica deve fornecer certos elementos de descrição indispensáveis para a identificação de um documento.

Para redigir referências e escolher uma forma de apresentação que se aplique a todas elas, é preciso, portanto, aplicar certas regras. E, se sua bibliografia acompanha um documento, é preciso saber como fazer os vínculos entre as referências e o texto, as citações.

Dessa forma, para citar documentos na bibliografia ou nas notas de um trabalho escrito, é indispensável respeitar alguns procedimentos. A convenção é que se apliquem as regras habituais da comunidade de trabalho a que pertence (regras de uma disciplina, regras da editora ou de uma revista).

Atualmente, a redação de referências de recursos eletrônicos disponíveis na *web* e sem equivalentes impressos representa um novo desafio tanto em trabalhos universitários quanto em qualquer outro documento.

Objetivo desta obra

Ensinando há quase vinte anos regras e normas de descrição de documentos para a elaboração de catálogos e bancos de dados, e também as que permitem redigir bibliografias, com freqüência me surpreendi com a enorme quantidade de regras propostas por editoras, redatores de revistas, professores universitários – alguns deles se

4 \ *Como redigir uma bibliografia*

referindo a normas e às vezes levando a crer em um reconhecimento universal de suas regras, apesar de todas serem diferentes umas das outras[1]. Portanto, tentei encontrar todas essas diferentes regras e agrupá-las.

Breve histórico do uso de referências e notas[2]

A noção de referência de um documento é encontrada já na Antiguidade, dos catálogos das bibliotecas de Assurbanipal e de Alexandria aos numerosos inventários e catálogos das bibliotecas criadas a partir do século XIII. Mas ela também está presente em listas bibliográficas, citações em obras, citações (índex) em textos religiosos (concordância da Bíblia) ou jurídicos[3].

No século XIX, a bibliografia e seus diferentes repertórios (bibliografia corrente por disciplina científica, bibliografia retrospectiva, bibliografia nacional, catálogos de biblioteca, catálogos de editoras, índice de matérias de periódicos e sua parte bibliográfica – análises, relatórios, boletins bibliográficos etc.) tornam-se condição para qualquer trabalho intelectual.

....

1. O surgimento de numerosos guias na internet suscitou alguns estudos comparativos sobre os diferentes procedimentos (ver capítulo 4, Bibliografia A, partes 1.2.1 e 1.2.2).

2. O formato desta obra não permite abordar de modo mais profundo o histórico do uso de referências e notas por autores e bibliotecários e da elaboração de uma normalização. Esse assunto foi desenvolvido em artigo publicado na revista *Documentaliste – Sciences de l'information*, em outubro de 2002.

3. Ver, a esse respeito, os trabalhos de Sylvie Fayet-Scribe: "Histoire des outils de médiation de l'information", in *Histoire de la documentation en France*, Paris, CNRS, 2000 – anexo 1, pp. 239-45. (Capítulo 4, Bibliografia A, n.º 41.)

Introdução \ 5

Foi no século XIX e sobretudo no século XX que foram, enfim, elaboradas regras comuns, chegando a normas indispensáveis para o intercâmbio de catálogos. A internacionalização dessas regras se concretizou apenas a partir dos anos 1950, graças à ação da IFLA (International Federation of Library Associations and Institutions ou Federação Internacional das Associações de Bibliotecários), e culminou, a partir de 1970, nas normas nacionais e internacionais de descrição bibliográfica e nos códigos de catalogação atuais (ver "Algumas normas úteis"). Com a internet e as funcionalidades da *web*, "o conceito de identificação engloba, hoje em dia, tanto a identificação quanto a localização". Assim, o URL (*Uniform Resource Locator*) faz parte da referência bibliográfica e permite acessar os documentos citados[4]. E, para descrever os recursos em rede, foi elaborada, a partir de 1996, a norma de metadados do Dublin Core (ver capítulo 5). Mas essas diferentes normas não respondem efetivamente às necessidades dos professores e das editoras.

A necessidade de fornecer regras precisas e adaptadas à produção de trabalhos universitários parece se concretizar em um manual publicado em 1937 e que ainda hoje se impõe nos meios universitários: o *Manual for writers of term papers, theses and dissertations** de Kate Larimore Turabian (1893-1987), responsável administrativa pelo departamento de teses ("dissertation secretary") da Universidade de Chicago. Esse manual (escrito para as ciências humanas e sociais e para as ciências da nature-

....

4. Lupovici, Catherine, "Le Digital Object Identifier: le système du DOI", *Bulletin des bibliothèques de France*, 1998, t. 43, n.º 3, p. 50.

* Ver referência da ed. bras. no capítulo 4, p. 123, nota de rodapé. [N. da T.]

6 \ *Como redigir uma bibliografia*

za) foi publicado na coleção "Chicago guides to writing, editing and publishing" e reeditado seis vezes, de 1955 a 1996. A sexta edição, revista por John Grossman e Alice Benrett, é a junção da 14ª edição de *The Chicago Manual of Style* (1993) e da 5ª edição do "Turabian".

Vários guias de "estilo" foram publicados nos Estados Unidos, a partir dos anos 1960, por associações científicas e universidades[5], como por exemplo a APA (American Psychological Association), a MLA (Modern Language Association of America), a Universidade de Chicago, a Universidade de Columbia e a Biblioteca Nacional Americana de Medicina (NLM). Grupos de editores de revistas científicas também publicam guias que utilizam os formatos de bancos de dados especializados em suas disciplinas (para Vancouver[6], bancos de dados médicos; para o CBE[7], bancos de dados referentes às ciências da natureza).

Foi somente em 1987 que a ISO (International Standard Organization) publicou a norma ISO 690, *Documentation. Références bibliographiques: contenu, forme et structure* [Documentação. Referências bibliográficas: conteúdo, forma e estrutura], complementada em 1997 por uma segunda parte consagrada aos documentos eletrônicos (ISO 690-2), "destinada aos autores e editores para o estabelecimento de listas de referências bibliográficas a serem incluídas em uma bibliografia e para a formulação de citações no texto, correspondentes às entradas da bibliografia".

....

5. Ver capítulo 4, Bibliografia A, partes 1.1 e 1.2.

6. Vancouver: recomendações do Comitê Internacional de Redatores de Jornais Médicos (ICMJE, International Committee of Medical Journal Editors).

7. CBE = Council of Biology Editors, mais tarde Council of Science Editors.

Introdução \ 7

Essa norma foi complementada por outras duas normas de abreviação (ISO 4: *Règles pour l'abréviation des mots dans les titres et des titres de publications* [Regras para abreviação de palavras nos títulos e de títulos de publicações]; e ISO 832: *Règles pour l'abréviation des termes bibliographiques* [Regras para abreviação de termos bibliográficos]).

As diferentes regras ("estilos") propostas atualmente são, portanto, uma mistura do modelo tradicional dos professores (aparentemente inspirado pelo "Turabian" ou pelo *Chicago Manual of Style*) com as normas internacionais.

Há, atualmente, três grandes tipos de procedimento: aqueles seguidos por editoras de livros e de revistas, os utilizados por professores e estudantes em seus trabalhos, e os utilizados por profissionais da informação-documentação para suas bibliografias.

As editoras e os professores misturam convenções tipográficas, regras extraídas da catalogação e procedimentos disciplinares. Seus procedimentos são extremamente diversos e não facilitam nem a redação nem a leitura das bibliografias produzidas por pesquisadores, professores e todos os outros autores.

Mas a redação das referências bibliográficas não é neutra, e algumas práticas de transcrição estão ligadas a certa visão do mundo da pesquisa, das produções "nobres" e das outras. Embora Paul Otlet, já no fim do século XIX, tenha demonstrado a importância dos artigos de periódicos e, a partir do início do século XX, a importância das imagens tenha sido reconhecida em certos meios documentais, ainda se constata, nas formas de redação das referências bibliográficas e na classificação freqüentemente empregada para as bibliografias, um predomínio do impresso, das obras e autores "fundamentais", das entidades editoriais e não das unidades documentais.

8 \ *Como redigir uma bibliografia*

Utilização desta obra

A maioria das proposições feitas aqui estão conformes à norma internacional estabelecida pela ISO (já recomendada em vários guias) e aos anexos "*description bibliographique allégée ou minimale*" [descrição bibliográfica sumária] das normas de descrição bibliográfica de imagens fixas, videofonogramas e gravações sonoras. Inspirei-me em vários bons guias *on-line* e em alguns manuais editados. Tentei fazer uma síntese do que foi publicado, preocupando-me em dar referenciais e propor regras aplicáveis à redação de bibliografias. Não há regras únicas para todos os casos: as formas propostas devem corresponder aos objetivos da bibliografia particular que queremos elaborar; os documentos referenciados nem sempre comportam todas as informações (elementos de dados) prescritas pelas diferentes regras para redigir corretamente as referências.

É indispensável que o leitor desta obra compreenda que os modelos e exemplos mostrados aqui são proposições e não estruturas obrigatórias, proposições feitas para publicações produzidas com processadores de texto (códigos tipográficos específicos às editoras para suas publicações impressas não são levados em consideração aqui).

Toda aplicação deve ser refletida: você não aplicará uma regra obrigatória, mas escolherá a que melhor corresponde a seu trabalho. Essa foi uma das razões que levaram vários produtores de *softwares* a elaborar produtos que permitem aos usuários dedicar-se apenas à escolha de documentos a serem referenciados e a suas características essenciais, deixando a cargo do programa as transcrições (ordem, pontuação, aspectos gráficos particulares etc.) impostas pelos diferentes editores. Quanto às regras empre-

Introdução \ 9

gadas pelas várias comunidades, sempre será possível infringi-las se o resultado for mais legível e/ou mais coerente, mas só sob essa condição. A evolução atual da produção eletrônica de documentos com certeza levará à expiração relativamente breve de mudanças radicais nos diferentes procedimentos de escrita, inclusive da bibliografia.

Esta obra[8] comporta três tipos de uso:

– uso instrumental, para os estudantes que querem aplicar modelos prontos;

– uso didático, para os numerosos professores que têm de responder à pergunta "Como fazer?" e para os profissionais da informação-documentação que auxiliam os usuários na elaboração de bibliografias ou na redação de relatórios;

– uso comunicativo, para permitir a vários grupos aplicar regras comuns (estudantes, professores, pesquisadores e editores), que também podem ser aplicadas por profissionais da informação-documentação em sua própria produção de bibliografias.

Algumas definições

Ao longo desta obra, alguns termos serão utilizados. A seguir, estão algumas definições. Como todas que serão apresentadas nos capítulos seguintes, essas definições foram adaptadas ou extraídas de vários documentos (por ordem de importância): glossários das normas de referências bibliográficas e de descrição bibliográfica (citadas em

....

8. Esta obra não se aplica às descrições bibliográficas necessárias à redação de notas bibliográficas e catalográficas utilizadas por profissionais da informação (documentalistas e bibliotecários) na elaboração de bancos de dados e catálogos.

10 \ *Como redigir uma bibliografia*

seguida por seus números); *Vocabulaire de la documentation*; e os glossários da Commission de terminologie et de néologie [Comissão de Terminologia e Neologia] da Délégation à la langue française [Delegação para a Língua Francesa] (ver capítulo 4, Bibliografia A, parte 3).

Uma **bibliografia** é uma lista de referências (ver definição completa no início do capítulo 3).

O objetivo da **descrição bibliográfica** é permitir a identificação de um documento. Ela é utilizada na elaboração de notas bibliográficas e catalográficas como um conjunto de dados que descrevem um documento e que podem ser estruturados conforme prescrições de normas nacionais ou internacionais. Esses elementos de dados devem ser exatos e, para isso, identificados em algumas partes do documento ou verificados. Para serem compreendidos, também devem ser transcritos de acordo com certas regras determinadas de antemão e conhecidas tanto por quem redige a referência ou a nota quanto por quem a lê e a utiliza.

Uma **referência bibliográfica** permite identificar um documento, mas é apenas uma citação. Seu objetivo não é uma descrição completa, ela apenas fornece alguns elementos de descrição que permitem localizar o documento em alguma ferramenta bibliográfica (catálogo de biblioteca, repertório bibliográfico, banco de dados, bibliografia, boletim bibliográfico, bibliografia retrospectiva ou corrente).

Uma referência bibliográfica em geral não comporta indicação referente ao conteúdo do documento descrito; esse conteúdo aparece apenas no título ou na classificação escolhida para as referências.

Uma **nota bibliográfica** deve descrever um documento de maneira bastante completa para permitir sua identificação exata. Ela engloba a totalidade dos elementos inclusos na descrição bibliográfica, geralmente redigidos conforme prescrições de normas nacionais e internacionais. Também

Introdução \ 11

comporta indicações sobre o conteúdo (pontos de acesso ou palavras-chave) que permitem localizar a nota em um conjunto organizado (catálogo de fichas, banco de dados). Uma **nota catalográfica** deve possibilitar a identificação e a localização do documento em um centro de documentação por intermédio de seu catálogo. Ela reúne a totalidade dos elementos inclusos na nota bibliográfica e o número de chamada (conjunto de letras e números que servem para classificar e localizar um documento em um acervo documental), estabelecido segundo os princípios do catálogo em questão.

Um **catálogo** é um conjunto ordenado de notas que descrevem documentos pertencentes a uma coleção permanente ou temporária, real ou fictícia. Um catálogo é um instrumento de busca que permite a identificação e a localização de documentos. Pode ser consultado em diferentes suportes: fichas de papel, catálogos impressos, banco de dados informatizado, *sites web*.

A **normalização** é uma atividade própria para apresentar soluções de aplicação repetitivas a questões concernentes às esferas da ciência, da técnica e da economia, visando à obtenção de um grau ótimo de ordem em um dado contexto. "Normalizar é simplificar, unificar, especificar" (J. Mailly). "Em geral, a normalização se manifesta pela elaboração, publicação e aplicação de normas."[9]

....

9. Sutter, Éric, "Normalisation", in *Dictionnaire encyclopédique de l'information et de la documentation*, Paris, Nathan, 1997, p. 426. (Capítulo 4, Bibliografia A, n°. 30.)

1. Elementos de dados para a descrição de documentos

Para redigir uma referência bibliográfica utilizável, é preciso reunir certo número de informações denominadas **elementos de dados**, que permitem identificar sem ambigüidade os documentos referidos. Os elementos de dados são aqueles utilizados há muito para descrever os documentos, qualquer que seja a utilização final dessa descrição. Somente sua ordem de apresentação e sua transcrição são específicas à redação das referências bibliográficas. Neste capítulo, todos os elementos de dados que possam existir são apresentados – seja qual for o tipo de documento a ser descrito –, com a indicação, para cada elemento, de uma definição[1], dos locais confiáveis em que as informações necessárias podem ser encontradas – chamados, nas normas, de **fontes de informação** – e das regras de transcrição específicas a cada elemento. Este capítulo é complementado pela lista de documentos a serem relacionados

....

1. As definições foram extraídas de vários documentos: Robert, Paul, *Le nouveau Petit Robert: dictionnaire alphabétique et analogique de la langue française*, nova ed. revista e ampliada sob direção de Josette Rey-Debove e Alain Rey, Paris, Dictionnaires Le Robert, 1994, 2.467 págs. (citado nesta obra como *"Petit Robert"*); e documentos citados na introdução, p. 9.

14 \ *Como redigir uma bibliografia*

nas referências e por uma recapitulação das fontes de informação específicas por categoria de documento.

1. INTRODUÇÃO

1.1 Os elementos de dados

Os elementos de dados foram claramente definidos na redação do ISBD (G)* e complementados pelos ISBD por tipo de documentos e pelos metadados do Dublin Core para documentos da *web*. É evidente que também estão descritos nas duas partes da norma ISO 690 (Referências bibliográficas).

Eles podem ser agrupados em dez conjuntos de dados, cuja transcrição obrigatória ou facultativa será especificada para cada elemento, dependendo do documento ou da unidade documental referido(a). Em geral, esses elementos são transcritos um na seqüência do outro.

1. dados sobre as menções de responsabilidade;
2. dados sobre o título;
3. dados sobre a edição e/ou versão;
4. dados específicos às publicações seriadas (volume, fascículo, número, datas, periodicidade);
5. dados sobre a produção do documento, inclusive a data;
6. dados sobre as características técnicas e materiais do documento;

....

* ISBD – *International Standard Bibliographic Description* (Norma Internacional de Descrição Bibliográfica para Publicações). Há uma norma geral, a ISBD (G), e há normas específicas, conforme o tipo de documento, como por exemplo a ISBD (CF), para arquivos de computador, e a ISBD (ER), para recursos eletrônicos. [N. da T.]

7. dados sobre a(s) coleção(ões) na(s) qual(is) o documento está inserido;

8. dados sobre a disponibilidade e o acesso, no caso de documentos eletrônicos;

9. número (internacional) normalizado do documento;

10. conjunto de dados complementares a todos os dados acima, reunidos em uma parte denominada "notas".

1.2 Fontes de informação

Nem todas as informações são válidas para redigir a referência bibliográfica; apenas algumas partes do documento, denominadas "fontes de informação", garantem a confiabilidade dos dados. A principal fonte de informação é o próprio documento mencionado.

A primeira fonte de informação no documento é a página de rosto de uma obra, o expediente de um jornal, a etiqueta de uma gravação sonora, os créditos de um filme, a *home page* de um documento eletrônico etc. Quando o documento não tiver página de rosto ou equivalente, outra fonte – como capa, sobrecapa, caixa, documentação anexa etc. – poderá fornecer a informação necessária.

Para transcrever as informações coletadas, você tem à sua disposição certo número de regras que permitem redigir referências de modo compreensível e homogêneo.

As informações que compõem as referências bibliográficas são, na maioria das vezes, transcritas da maneira como se apresentam na fonte. Os detalhes de forma, como emprego de maiúsculas, pontuação etc., não são necessariamente reproduzidos na transcrição.

Eis as regras gerais que se aplicam a esses detalhes de forma ou de estilo.

16 \ *Como redigir uma bibliografia*

1.3 Regras gerais de transcrição

Abreviações

Você pode abreviar alguns dados (títulos, nomes, outras palavras usuais). Essas abreviações não podem gerar dúvidas e devem estar conformes às regras em vigor (uso corrente, norma de abreviação de títulos de periódicos ISO 4, norma de abreviação de termos bibliográficos ISO 832). Se, ao abreviar alguns dados, você fizer omissões, deverá indicá-las com reticências (…).

Se você puder, dê, em uma nota ou lista anexa à bibliografia, o significado de todas as abreviações não-correntes utilizadas nas referências.

Acréscimos ou correções

Toda informação acrescentada a uma referência, seja para corrigir erros evidentes do documento-fonte, seja para traduzir ou transliterar uma informação, seja para precisar informações (significado de siglas, qualificação de locais) ou alguma data, deve ser escrita entre colchetes (regra tipográfica usual) após o elemento modificado.

Transliteração e romanização

Para descrever documentos redigidos em escritas não-latinas, você deverá aplicar, na redação das referências em caracteres latinos, as normas internacionais de transliteração[2] ou de romanização[3]. Você poderá utilizar a forma transliterada ou romanizada tanto em substituição

....

2. "Transcrição letra por letra, na qual a cada signo de um sistema de escrita corresponde um signo em outro sistema" (*Petit Robert*).

3. "Transcrição, em caracteres latinos, de uma outra língua escrita de forma diferente" (*Petit Robert*).

à forma original quanto entre colchetes, como complemento da forma original.

Maiúsculas

A utilização de maiúsculas deve ocorrer de acordo com a convenção da língua utilizada no documento descrito.

Pontuação

Para escrever referências bibliográficas, deve ser utilizado um sistema coerente de pontuação, que permita separar claramente os elementos uns dos outros, e distinguir os subelementos no interior de um elemento. Esse sistema de pontuação poderá ser escolhido mediante a determinação de "separadores" ou "delimitadores" que poderão servir para constituir uma base de dados (ver cap. 5).

Caracteres tipográficos

Caracteres tipográficos diferentes ou sublinhas podem ser utilizados para melhor distinguir os elementos ou para os destacar, determinando a apresentação das referências (ver cap. 3).

2. OS DIFERENTES ELEMENTOS DE DADOS

2.1 Dados sobre as menções de responsabilidade

Utilizados para todos os tipos de documentos a serem referenciados.

Responsabilidade principal (obrigatório)

O **autor** é a pessoa ou a entidade coletiva responsável pelo conteúdo intelectual ou artístico de um documento. A responsabilidade principal por um documento eletrônico é, em geral, da pessoa responsável pela elaboração do documento.

No caso de obras audiovisuais, gravações sonoras e multimídias, os autores são numerosos, cada um com uma função precisa: adaptador, animador de desenhos animados, roteirista, realizador, compositor, regente, diretor artístico, intérprete, montador, diretor de fotografia, infografista[4] etc.

Pode haver autores principais e autores secundários. O autor principal tem a plena responsabilidade pelo documento, ao passo que o autor dito secundário deu uma contribuição ao documento: tradutor, prefaciador, ilustrador… (Ver parte seguinte: "Responsabilidade secundária".)

Para documentos não-impressos, as designações das pessoas responsáveis podem ser muito variadas. Por exemplo, para um documento audiovisual:

– o **realizador** é a pessoa que detém a responsabilidade pela existência concreta de uma obra audiovisual, é ele que dirige a equipe de realização;

– o **produtor**, na televisão, é a pessoa física que concebe um programa e, em geral, supervisiona ou acompanha sua realização. No cinema, é a pessoa física que assume, do ponto de vista administrativo e financeiro, a responsabilidade pela execução de um filme, mas, na prática, seu papel é mais amplo e pode também englobar aspectos de responsabilidade intelectual;

– o **redator** é responsável por um documento técnico ou por um relatório;

----

4. O *webmaster* não é o autor de um *site web*.

– para um documento coletivo em suporte impresso ou eletrônico, a menção de responsabilidade principal é constituída do nome do **editor responsável**, que é a pessoa ou entidade coletiva responsável pela totalidade do conteúdo de um documento constituído de várias contribuições de diferentes autores: atas de congressos, obra coletiva, edição crítica de um texto, documento multimídia, documento administrativo etc.

• *Fontes de informação*
O nome completo do autor (prenome, ou sua inicial maiúscula, e sobrenome) encontra-se, na maioria das vezes, na página de rosto do documento impresso, em seu equivalente nos documentos em outro suporte, ou no próprio documento.

• *Transcrição*
Na transcrição do nome do autor, o sobrenome é escrito em maiúsculas ou em minúsculas (exceto a letra inicial, sempre em maiúscula), precedido ou seguido, dependendo da regra escolhida, pelo prenome inteiro ou apenas pela inicial maiúscula. O nome do autor pode ser complementado por sua "filiação", ou seja, o nome do centro de pesquisas ou do organismo ao qual está profissionalmente vinculado (denominação tal como indicada no documento).

Quando há vários autores, as prescrições e as práticas divergem: você pode transcrever todos, colocar apenas o primeiro ou os (três, quatro ou seis) primeiros seguidos por *et al**.

....
* No Brasil, de acordo com o que fixa a Associação Brasileira de Normas Técnicas – ABNT, quando a obra tem até três autores, men-

20 \ *Como redigir uma bibliografia*

Os nomes que fazem parte da "responsabilidade principal" são redigidos do modo como estão escritos no documento. No entanto, por razões de classificação e de acesso à referência, o nome do autor colocado como primeiro elemento da referência é, com freqüência, apresentado sob uma forma estruturada "sobrenome prenome".

Quando a responsabilidade principal for uma entidade coletiva que depender de uma entidade mais importante, você deverá indicar o nome da entidade de tutela,

ex.: "Nièvre. Arquivo departamental", ou "Universidade de Paris VII. UFR Geografia, história, ciências da sociedade. Centro de documentação e de pesquisas", exceto se a entidade subordinada tiver um nome significativo,

ex.: "Secretaria do Livro e da Leitura".

Para melhor identificar uma entidade coletiva, você poderá colocar, depois de seu nome, o de sua cidade-sede ou de seu país-sede (entre parênteses),

ex.: "Instituto Memórias da Edição Contemporânea (Paris)", "Sociedade de Estudos Românticos e Oitocentistas (França)".

O nome do autor de uma obra coletiva ou de um documento não-impresso é seguido pela indicação de sua função, de forma abreviada: "org." para o organizador de uma coleção, "ed." para um editor responsável, "real." para um realizador, "prod." para um produtor etc.

....

cionam-se todos na ordem em que aparecem na publicação. Se houver mais de três autores, mencionam-se os três primeiros seguidos da abreviatura da expressão latina *et alii* (*et al.*). Observe que, de acordo com o uso brasileiro, todos os nomes devem ser invertidos: SOBRENOME, Prenome. [N. da R.T.]

Elementos de dados para a descrição de documentos \ 21

Responsabilidade secundária (facultativo)

Pessoa(s) ou entidade(s) coletiva(s) que participou (aram) parcial ou complementarmente da criação da obra.
Exemplos:

autor da revisão (no caso de uma nova edição)
regente
compositor
editor responsável (quando a unidade documental referenciada for uma contribuição a uma obra coletiva)
inventor (no caso de patente)
ilustrador
infografista
intérprete
montador
pianista
roteirista
tradutor

- *Fontes de informação*
  As mesmas utilizadas para a responsabilidade.

- *Transcrição*
  Os nomes das pessoas ou entidades coletivas que têm responsabilidade secundária devem ser apresentados na mesma ordem em que se encontram na fonte e seguidos pela indicação da função.

2.2 Dados sobre o título

Utilizados para todos os tipos de documentos a serem referenciados:

título da monografia, título do documento principal, título do periódico, título da edição especial, título da contribuição, título do artigo, título de uma seqüência fílmica, de uma faixa musical... (obrigatório)

22 \ *Como redigir uma bibliografia*

O título de um documento ou de uma unidade documental que queremos referenciar é composto de uma ou várias palavras, de uma locução ou de um grupo de caracteres que, em geral, aparecem no documento, na obra ou em uma das obras que o compõem. Essa denominação permite citar o documento, é utilizada para identificá-lo e, com freqüência (embora não necessariamente), distingui-lo de outro documento. O título pode ser complementado por um subtítulo.

2.2.1 Título da parte (obrigatório)

Título da parte descrita: capítulo…
No caso de ausência de título da parte na fonte, você deve criar um (e transcrevê-lo entre colchetes).

• *Fontes de informação*
As mesmas utilizadas para as responsabilidades.

• *Transcrição*
O título é transcrito como se encontra na fonte. Você pode abreviar um título muito comprido sem modificar o sentido (em geral suprimindo uma parte ou do meio ou do fim do título). As palavras suprimidas devem ser substituídas por reticências (…). As siglas são transcritas sem pontos, em maiúsculas ou minúsculas, dependendo da tipografia da página de rosto*.

....

* Convém lembrar que, no Brasil, usamos todas as letras maiúsculas quando as siglas tiverem até três letras (ONU) ou quando, com mais de três letras, seus elementos forem pronunciados separadamente (BNDES). Usamos, porém, apenas a inicial maiúscula, quando as siglas tiverem mais de três letras pronunciáveis como palavra (Petrobrás). [N. da R.T.]

Os títulos das publicações seriadas também podem ser abreviados, contanto que as abreviações não dêem margem a dúvidas e sigam as prescrições da norma ISO 4.

Se o título estiver em outra língua, você poderá acrescentar uma tradução. Se vários títulos aparecerem na fonte ou se o título aparecer em várias línguas, você deverá transcrever o título que aparecer com mais evidência, e na língua que aparecer com mais evidência. Se os títulos tiverem importância equivalente, você deverá escolher o que aparece primeiro.

Todos os acréscimos (tradução, informação suplementar etc.) são colocados entre colchetes.

2.2.2 Subtítulo (facultativo)

O subtítulo precisa, explica ou complementa o título ao qual se aplica.

• *Fontes de informação*

As mesmas utilizadas para as responsabilidades e para o título.

• *Transcrição*

Um subtítulo será transcrito se for útil para uma boa compreensão ou uma melhor identificação do documento, aplicando as mesmas regras utilizadas para o título.

2.2.3 Título-chave (facultativo)

Título normalizado único atribuído a uma publicação seriada pela Rede ISSN* e ligado a seu ISSN. O título-

....
*Ver p. 44. [N. da T.]

24 \ *Como redigir uma bibliografia*

chave é derivado do título próprio segundo as regras que figuram no *Manuel de l'ISDS* [Manual do ISDS] (Sistema internacional de dados sobre publicações seriadas).

• *Fontes de informação*

Fontes específicas aos periódicos: expediente, capa, colofão; repertório do ISSN.

• *Transcrição*

O título-chave vem após o ISSN no fim da referência, *ex.*: "ISSN 0395-2037 = Le Monde (Paris, 1944)".

2.3 Dados sobre a edição e/ou a versão (obrigatório)

Para todo documento editado várias vezes (apenas as menções e/ou indicações de primeira edição podem ser omitidas).

• *Edição*

Edição é o conjunto dos exemplares de um documento produzido com uma única composição, cujos dados correspondem exatamente aos de um mesmo original.

Em uma nova edição, a estrutura e a identidade do documento permanecem as mesmas, mas o conteúdo informacional pode ser consideravelmente modificado. Para os documentos audiovisuais e eletrônicos, o termo **versão** é mais utilizado.

Um documento também pode ser produzido para utilizações diferentes e ser apresentado em diferentes edições (edição para o aluno, para o professor, para a Normandia, edição resumida…).

Elementos de dados para a descrição de documentos \ 25

- *Fontes de informação*
Página de rosto do documento impresso, seu equivalente para documentos em outro suporte, o próprio documento.

- *Transcrição*
Você deve fornecer o número da edição ou da versão (em algarismos arábicos ordinais) e o trabalho realizado para essa nova edição (revista, atualizada, ampliada). Todos os termos são transcritos como aparecem na fonte, abreviados se necessário*;
> *ex.*: "5ª edição" ou "5ª ed.", "versão para PC", "Mac OS 9", "edição parisiense".

Um novo autor poderá ser responsável pela nova edição (isto é, pelas modificações realizadas na nova edição). Ele será, então, indicado após a menção de edição;
> *ex.*: "nova ed. revista e ampliada por M. F. Blanquet"**.

Nos documentos eletrônicos, é freqüente encontrar várias indicações relativas às edições e versões; elas devem, então, ser transcritas na ordem em que aparecem na fonte;
> *ex.*: "5ª ed., versão 3.5".

2.4 Dados específicos às publicações seriadas

Os periódicos e as coleções são constituídos de um conjunto de documentos. É útil precisar, no caso de perió-

....

* No Brasil, de acordo com as normas da ABNT, indica-se a edição, quando mencionada na obra, em algarismo(s) arábico(s) seguido(s) de ponto e da abreviatura da palavra "edição" no idioma da publicação. Emendas e acréscimos à edição são indicados de forma abreviada. Por exemplo: 2. ed. – 2. Aufl. – 2. ed. rev. – 2. ed. rev. aum. [N. da R.T.]

** "nova ed. rev. aum. por M.F. Blanquet", de acordo com a ABNT. [N. da R.T.]

26 \ *Como redigir uma bibliografia*

dicos, a periodicidade e alguns dados concernentes aos fascículos ou números, e, no caso de coleções, a descrição.

Tanto para periódicos impressos quanto para eletrônicos, você deve descrever, da maneira o mais completa possível, os fascículos, com a datação (mês, ano etc.) e numeração (número do volume, do fascículo etc.).

Você pode deparar com diversas situações:

– a publicação seriada está **em curso** (periódico corrente);

– a publicação seriada está **encerrada** (periódico não-corrente, coleção encerrada);

– a publicação será descrita no **todo** (todos os números) ou em **parte**.

• *Fontes de informação*

Fontes específicas aos periódicos em qualquer suporte: expediente, capa, colofão, créditos, o próprio documento, seu recipiente.

• *Transcrição*

No caso de um periódico corrente descrito na totalidade, você deverá precisar a numeração e/ou a designação cronológica do primeiro número, seguidas por um hífen e um espaço;

ex.: "janeiro de 1995-, vol. 1, n.º 1- ".

No caso de uma coleção completa ou parcial, você deverá precisar a designação cronológica e/ou a numeração do primeiro e do último fascículo, a data e/ou o número dos primeiros e últimos números, se essas informações estiverem à sua disposição;

ex.: "1979-2000".

Há outra informação essencial à descrição de um periódico: a periodicidade, ou seja, a freqüência com que é publicado. Ela é transcrita de forma abreviada (mens., sem.) no início da parte "notas" (ver §2.10).

Se um documento eletrônico, por exemplo uma base de dados, passa por atualizações regulares, é recomendável mencionar o ritmo da atualização: por exemplo, "atualização semanal", "atualização anual", "atualização permanente", "trimestral"*.

....

* "No Brasil, de acordo com as normas estabelecidas pela ABNT, quando seriados (revistas, jornais) forem considerados no todo (coleção), a ordem dos elementos deve ser a) título da revista; b) local da publicação; c) editor; d) data; e) periodicidade (semanal, mensal, trimestral, freqüência irregular); f) notas especiais; g) ISSN.

BOLETIM GEOGRÁFICO. Rio de Janeiro: IBGE, 1943 – 1978. Trimestral.

REVISTA BRASILEIRA DE GEOGRAFIA. Rio de Janeiro, IBGE, 1939 - . Trimestral. Absorveu: Boletim Geográfico do IBGE, Índice acumulado, 1939-1983. ISSN 0034 – 723X.

Quando seriados forem considerados em parte (fascículos, suplementos, números especiais, etc.), a ordem dos elementos deverá ser a) título da coleção; b) título do fascículo; c) local e editor; d) indicação do volume, número e data; e) número total de páginas do fascículo; f) nota indicativa do tipo de fascículo.

CONJUNTURA ECONÔMICA. As 500 maiores empresas do Brasil. Rio de Janeiro: FGV, v. 38, n. 9, set. 1984, 135 p. Edição especial.

Quando se tratar de referência a artigos em revistas, a ordem dos elementos deverá ser a) autor do artigo; b) título do artigo; c) título da revista, seguido do título do fascículo, suplemento ou número especial, quando houver; d) local da publicação; e) número do volume, fascículo, páginas inicial e final do artigo; f) mês e ano.

MOURA, Alexandrina Sobreira de. Direito de habitação às classes de baixa renda. *Ciência & Trópico*, Recife, v. 11, n. 1, p. 71-78, jan./jun. 1983.

Quando se tratar de referência a artigos em jornais, a ordem dos elementos deverá ser a) autor do artigo; b) título do artigo; c) nome do jornal; d) local de publicação; e) data (dia, mês e ano); f) descrição física (número ou título do caderno, seção, suplemento, páginas do artigo referenciado e número de ordem das colunas).

2.5 Dados sobre a publicação do documento, inclusive a data

Em geral, reunimos as informações que possibilitam saber quem é o responsável pela elaboração, produção e divulgação do documento, ou seja, o editor no caso do livro, o produtor no caso do filme etc.

Há três elementos úteis para identificar a publicação de um documento: a cidade da sede social da editora ou produtora, o nome do editor ou produtor e a data da edição ou produção. Esse conjunto de dados (transcrito na seguinte ordem: local, nome da editora, data) é comumente chamado de "imprenta" nas normas de descrição bibliográfica.

2.5.1 Local de publicação (ou de divulgação) (facultativo)

O local de publicação (ou de divulgação) é o nome da cidade ou da localidade onde se situa a sede da editora, produtora ou divulgadora*.

• *Fontes de informação*
A página de rosto do documento impresso, seu equivalente para documentos em outros suportes, o próprio documento.

....

COUTINHO, Wilson. O Paço da Cidade retorna no seu brilho barroco. *Jornal do Brasil*, Rio de Janeiro, 6 mar. 1985. Caderno B, p. 6.

BIBLIOTECA climatiza seu acervo. O Globo, Rio de Janeiro, 4 mar. 1985. p. 11, c. 4."

In. Turabian, Kate L. *Manual para redação*, São Paulo, Martins Fontes, 2000, pp. 204-6. [N. da R.T.]

* No Brasil, essa informação é obrigatória. [N. da R.T.]

Elementos de dados para a descrição de documentos \ 29

• *Transcrição*

O local é transcrito na língua do documento, como aparece na fonte;

ex.: "London".

Um nome de cidade poderá ser especificado geograficamente se a cidade for pouco conhecida ou se puder gerar confusão (sigla do estado, nome do país)*.

Se houver vários locais, você transcreverá apenas o primeiro ou o que estiver em destaque.

2.5.2 Nome da editora, produtora (facultativo)**

Dependendo dos tipos de documentos produzidos, o nome do responsável pela publicação é diferente: o **editor** é a pessoa ou entidade coletiva responsável pela publicação e, muitas vezes, pela divulgação do documento (não confundir com o editor responsável). Essa função tem nomes diferentes, segundo os tipos de documentos produzidos[5]:

– **produtor** é a pessoa ou entidade coletiva que tem a responsabilidade financeira e/ou administrativa pelos procedimentos físicos de elaboração de um recurso eletrônico (Z 44-082);

– **produtor de videofonograma** é a pessoa jurídica ou física que toma a iniciativa e assume a responsabilidade pela primeira gravação de uma seqüência de imagens,

---

* Por exemplo: "Viçosa, MG"; "Viçosa, RN". [N. da R.T.]

** No Brasil, o nome da editora é informação obrigatória. [N. da R.T.]

5. Todas as definições são adaptações das definições constantes nas diferentes normas de descrição bibliográfica, citadas pelo número.

30 \ *Como redigir uma bibliografia*

sonorizada ou não (*Code de la propriété intellectuelle* [Código da propriedade intelectual]);

– **sociedade de produção** é a pessoa jurídica que toma a iniciativa e assume a responsabilidade pela primeira gravação de um documento audiovisual;

– **empresa de comunicação** é a pessoa jurídica que explora um serviço de comunicação audiovisual; reúne documentos e obras audiovisuais segundo uma ou várias grades de programas que ela transmite por um ou vários canais técnicos (canais hertzianos, cabo, satélite…) (Z 44-065);

– **divulgador** é o organismo responsável pela divulgação da produção de um editor;

– **distribuidor** é a pessoa física ou jurídica encarregada, pelo editor, de colocar à disposição do público exemplares publicados (Z 44-066);

– **distribuidor cinematográfico** é a pessoa física ou jurídica que atua como intermediário entre o produtor e os exibidores para a distribuição de documentos cinematográficos nos circuitos públicos; é ele o responsável pela duplicação, pelo gerenciamento e pela expedição de cópias e material promocional (Z 44-065).

• *Fontes de informação*

A página de rosto do documento impresso, seu equivalente para documentos em outros suportes, o próprio documento.

• *Transcrição*

O nome da editora é transcrito como consta na fonte e poderá ser abreviado se não der margem a confusão; as informações de tipo comercial devem ser omitidas ("companhia", "e filhos" etc.).

Se houver vários nomes de editoras, você transcreverá apenas um.

As menções de local e de editora são facultativas, você poderá indicar ou ambas, ou uma das duas ou nenhuma (por exemplo: "Paris, Seuil, 1999", ou "Paris, 1999", ou "Seuil, 1999", ou "1999")*.

Os nomes dos responsáveis pela confecção da obra, e que não são editores, devem ser seguidos por sua função (por exemplo: "Jouve, impr.").

2.5.3 Data (obrigatório)

A data de publicação ou de edição é o momento em que um documento é produzido e colocado à disposição do público.

Ter conhecimento da data é indispensável, pois ela permite avaliar a utilidade e a pertinência dos documentos referenciados. Trata-se da data de publicação do documento, e não da data de criação da obra, que é, com

....

* No Brasil, porém, essas menções não são facultativas. O nome do local deve ser sempre indicado tal como está na publicação referenciada. No caso de homônimos, acrescenta-se o nome do estado ou o nome do país. Exemplos: "San Juan, Chile"; "San Juan, Porto Rico".

Quando há mais de um local para um só editor, indica-se o local mais destacado.

Dois editores estabelecidos em locais diferentes são relacionados do modo como se vê na referência bibliográfica completa abaixo:

GARCÍA LORCA, Federico. *Obra poética completa. Federico García Lorca*. Trad. William Agel de Mello. São Paulo: Martins Fontes; Brasília, DF: Universidade de Brasília, 1996.

De acordo com a ABNT, são elementos **obrigatórios** e essenciais da referência bibliográfica: o nome do autor, o título da obra, o número da edição (se não for a primeira), o local da publicação, o nome da editora e a data de publicação. [N. da R.T.]

freqüência, a data de *copyright*. Mas, quando o documento é reeditado (edição de bolso, tradução, reedição fac-similar…), geralmente é indispensável fornecer também a data da primeira edição (ou no fim da referência, na parte "notas", ou como primeira data; ver §2.10 e cap. 4).

Para documentos impressos, a data que prevalece é a data de edição; para documentos de animação, a menção de produção e a data de *copyright* são obrigatórias.

Para edições videográficas de filmes ou programas de televisão já exibidos, o editor e a data da edição referenciada devem ser indicados, e o nome da sociedade de produção e a menção de *copyright* devem ser informados nas "notas".

Para documentos *on-line* (na internet, essencialmente), a data de publicação pode ser seguida por uma data de atualização ou de revisão e deve ser complementada pela data na qual o documento foi consultado;
ex.: "Paris, ADBS, 2001 [atualizado em 28/02/2002] [acesso em: 11 de março de 2002]".

• *Fontes de informação*
A página de rosto do documento impresso, seu equivalente para documentos em outros suportes, o colofão, o próprio documento.

• *Transcrição*
Você transcreverá o ano no caso de monografias, e uma data mais completa no caso de artigos, documentos eletrônicos e documentos audiovisuais.

Se você estiver descrevendo um documento do tipo monográfico, o ano de edição será transcrito de forma completa e numérica. Se a data não constar na página de rosto ou equivalente, você utilizará a data de impressão,

Elementos de dados para a descrição de documentos \ 33

de *copyright* ou uma data presumida, reconstituída com base em fontes exteriores ou no conteúdo do documento (datas fornecidas no texto, na bibliografia...); essa data reconstituída será transcrita entre colchetes*.

Se você quiser citar um documento que ainda não tenha sido publicado, poderá indicar "no prelo" ou "a ser publicado".

Para os artigos de periódicos, recursos eletrônicos ou patentes, a data transcrita deve ser mais completa: ou mês e ano, ou dia, mês e ano, ou, até mesmo, para alguns documentos eletrônicos, você poderá precisar a hora. A data pode ser transcrita claramente, tal como se apresenta no documento, com os nomes dos meses escritos por extenso. Se ela tiver forma unicamente numérica, você poderá transcrevê-la sob uma forma numérica estruturada[6], isto é, AAAA-MM-DD. Portanto, você pode escrever a data de diferentes maneiras;

ex.: "primavera de 1998" ou "março-abril de 1998" ou "1998-03/04", e "27 de junho de 1999" ou "1999, 27 de junho" ou "1999-06-27", e até mesmo "18 February 1997; 14:04:28 EST".

Para redigir as referências de uma publicação em várias partes durante um período de tempo, você indicará as datas de início e fim da publicação, por exemplo

....

* De acordo com a ABNT, se a data de publicação, distribuição, *copyright*, impressão etc. não puder ser determinada, deve-se registrar uma data aproximada entre colchetes. Exemplos: [1981?] para data provável; [ca.1960] para data aproximada; [197-] para década certa; [18—] para século certo; [18—?] para século provável. [N. da R.T.]

6. ISO 8601. *Éléments de données et formats d'échange. Échange d'information. Représentation de la date et de l'heure* [Elementos de dados e formatos de intercâmbio. Intercâmbio de informação. Representação da data e da hora], ISO, dezembro de 2000, 29 págs.

34 \ *Como redigir uma bibliografia*

"1997-2000" ou "setembro de 1975-agosto de 1984". Se a publicação estiver em curso, você indicará a data de início, seguida por um hífen e um espaço: "1997- "*.

Os **documentos eletrônicos** são, em geral, atualizados ou revistos de uma edição ou versão a outra. Quando possível, você deverá transcrever a data de atualização ou revisão do documento citado como referência, depois da data de publicação e utilizando os termos que aparecem na fonte, por exemplo "atualizado em janeiro de 1997" ou "revista em 1º. de março de 1997".

Para os **recursos eletrônicos** *on-line*, a data de produção e eventualmente de atualização é seguida pela data de consulta, escrita entre colchetes e precedida por alguma expressão como "acesso em"**;

> *ex.*: "[acesso em: 3 de setembro de 1997]", ou "[acesso em: 1997-07-28]", ou "[acesso em: 17 de maio de 1997, 21:15 GMT]".

Portanto, são utilizados dois sistemas de notação de data: o do documento referenciado, para indicar as datas de produção, atualização etc., e o escolhido para precisar a data de consulta;

> *ex.*: "1995, latest revision 2000-03-13 [acesso em: 29 de setembro de 2001]".

2.6 Dados sobre as características técnicas e materiais do documento (facultativo)

Conjuntos de dados que descrevem os elementos materiais próprios a um documento: suporte, importância

---

* Quanto às normas em uso no Brasil, v. 2.4. [N. da R.T.]

** No Brasil, usa-se também o registro da data sem a preposição: "Acesso em: 18 maio 1998". [N. da R.T.]

material (quantidade de volumes ou de unidades materiais, número de páginas, duração [filme, vídeo], tamanho do arquivo, dimensões), outras características técnicas, em particular, para os documentos audiovisuais, dados materiais que permitem escolher e utilizar adequadamente o aparelho de leitura indispensável para consultá-los, e, para os documentos eletrônicos, a configuração computacional necessária à sua leitura.

Esses elementos de dados podem ser divididos em três grupos: tipo de suporte ou difusão (a), descrição física do documento ou da unidade documental (b) e, para os documentos eletrônicos e audiovisuais, modalidades ou configuração necessárias à sua leitura (c).

Para esses três grupos, as **fontes de informação** são o próprio documento, a audição ou visualização desses documentos e, eventualmente, a documentação anexa.

2.6.1 Indicação geral do tipo de documento (ou do tipo de suporte ou de difusão)

Termo que indica, sucintamente, a categoria material de documentos à qual pertence a publicação (gravação sonora, imagens animadas, imagens fixas, recursos eletrônicos, texto impresso).

• *Transcrição*

Quando utilizado para documentos audiovisuais e eletrônicos, o termo deve ser escrito entre colchetes depois do título, no caso de referências multimídia, para distinguir os diferentes suportes. É recomendado utilizar as seguintes palavras, ou equivalentes: gravações sonoras, imagens animadas, imagens fixas, recursos eletrônicos, *on-line*.

Indicação específica do tipo de documento: identifica a categoria particular do documento.

Documentos eletrônicos: base de dados *on-line*, monografia em CD-ROM, periódico *on-line*, programa de computador em disquete, mensagem eletrônica etc.

• *Transcrição*

Pode ser indicado depois do título, entre colchetes, em vez do termo genérico "recurso eletrônico" ou "*on-line*";

ex.: "[base de dados *on-line*]", "[monografia em CD-ROM]", "[mensagem eletrônica]".

Para documentos audiovisuais (gravações sonoras, imagens animadas e imagens fixas), a indicação específica do tipo de documento é transcrita na descrição técnica (ver, a seguir, §2.6.2).

Gravações sonoras: disco, CD, fita magnética de rolo, fita cassete, DAT (fita digital de áudio), fita de vídeo, trilha sonora de filme.

Imagens animadas: natureza do suporte: cópia, jogo de vídeo, *master*, original, suporte de conservação ou reprodução, suporte de difusão ou comunicação, suporte de produção. Tipos de suporte e modelos: fita de vídeo, CD-ROM, CD, fita magnética, fita cassete.

Imagens fixas: colagem, desenho, elemento de impressão, estampa, impressão digital, impressão fotomecânica, pintura, fotocópia, fotografia negativa, fotografia positiva, fotograma.

2.6.2 Descrição técnica (física ou material)

– Formato do documento, ou quantidade e tipo de unidades físicas.

Elementos de dados para a descrição de documentos \ 37

– Quantidade de unidades materiais e importância material de cada unidade: número de volumes, discos, fitas etc., número de páginas, folhas, colunas etc., duração, mono, estéreo.

– Importância particular da **paginação**, isto é, da indicação do número total de páginas, folhas, colunas, pranchas de livro, obra coletiva, tese, relatório, monografia eletrônica.

A paginação inclusiva é necessária para que se possa identificar (localizar) a parte componente no interior do documento principal (artigo, capítulo, contribuição, artigo eletrônico, contribuição eletrônica, parte eletrônica etc.). Ela indica a primeira e a última página da parte, e pode ser contínua ou descontínua.

• **Documentos impressos** (quantidade de volumes e número de páginas, ou paginação)

Transcrição: depois dos dados sobre a publicação; *ex.*: "2 vol., 234+256 p.", "p. 24-37", "p. 17, 24, 35-48", "XIII-282p.".

• **Documentos eletrônicos**: formato do documento e tipo de unidades físicas associadas ao documento eletrônico.

Transcrição: depois da coleção, como primeira "nota"; *ex.*: "1 fita magnética, 9 pistas", "formato ASCII".

• **Gravações sonoras**: tipo de documento e quantidade de unidades materiais, outras características técnicas (largura da fita, padrão de gravação, número de pistas, natureza química do suporte, número de canais); tipo e quantidade de unidades do material que acompanha o documento.

Transcrição: depois dos dados sobre a publicação; *ex.*: "1 fita cassete, mono", "3 discos 2h35min, 33 rpm, estéreo, 2 brochuras".

38 \ *Como redigir uma bibliografia*

• **Imagens animadas**: indicação específica do tipo de suporte, quantidade de unidades materiais e de informação gravada, outras características técnicas (largura da fita, colorida ou preto e branco, cadência de apresentação das imagens, configuração necessária se o suporte for eletrônico; ver, a seguir, §2.6.3).

Transcrição: depois dos dados sobre a publicação; *ex.*: "1 filme 35 mm, color., 16 imag./s.", "1 fita de vídeo VHS 1h12min, color., SECAM".

• **Imagens fixas**: quantidade de documentos, indicação específica do tipo de documento (colagem, desenho, elemento de impressão, estampa, impressão digital, impressão fotomecânica, pintura, fotocópia, fotografia negativa, fotografia positiva, fotograma), categoria técnica (natureza do suporte, conjunto em que se insere).

Transcrição: depois dos dados sobre a publicação; *ex.*: "1 estampa em papel vergê", "125 fotos positivas, em 1 álbum", "92 desenhos em papel vegetal, em 3 cadernos".

2.6.3 Configuração computacional necessária (para documentos em suporte eletrônico)

Marca e modelo de computador, memória RAM, nome e versão do sistema operacional, recursos em *software*, características dos periféricos recomendados (utilizar o vocabulário empregado no documento eletrônico ou em sua documentação), precedidos pela expressão "Configuração necessária", ou equivalente.

• *Transcrição*: primeira "nota" (ver §2.10); *ex.*: "Configuração necessária: IBM PC ou compatível; unidade de CD-ROM MPC Standard, DOS 3.30 ou superior; 490 kb de RAM; MS-DOS Extensions 2.1 ou superior".

E para um documento audiovisual em suporte eletrônico:

ex.: "Configuração necessária: leitor de CD-I, sistema de compressão MPEG 1".

2.7 Dados sobre a(s) coleção(ões) (facultativo)

Uma coleção é um conjunto de documentos, cada um com título próprio, mas reunidos sob um título comum e publicados durante um período de tempo não definido. Uma coleção pode englobar subcoleções ou ser dividida em seções. Cada documento distinto que faz parte de uma coleção pode ser numerado ou não.

Documentos de tipo monográfico ou publicações seriadas em qualquer suporte (obra impressa, obra na internet, fita de vídeo, filme, CD-ROM, fotografia, disco, revista etc.) podem fazer parte de coleções. No que concerne à televisão, a noção de coleção abrange a noção de episódio e de série:

ex.: "Navarro", seriado de TV; "Les mercredis de la vie", episódio de TV.

– Um **seriado** é um conjunto finito de unidades documentais, cuja quantidade é determinada antecipadamente, mas que podem ser consultadas de maneira independente e sem ordem obrigatória.

– Uma **série** (para a televisão, a novela) é um conjunto de unidades documentais ligadas entre si segundo uma ordem única e linear:

ex.: "Les maîtres du pain", novela de televisão; "Les enfants du paradis", filme cinematográfico em várias partes.

– Um **programa** é uma unidade documental complexa, constituída de uma quantidade de seqüências finita e em uma ordem determinada:

40 \ *Como redigir uma bibliografia*

ex.: "Envoyé spécial", programa de TV.

No que toca à imagem fixa, a coleção pode ser um conjunto editorial (série de ilustrações, campanha publicitária, reportagem fotográfica).

• *Fontes de informação*

O documento e a documentação anexa:

– para gravações sonoras: caixa, etiqueta, encarte, capa;

– para imagens animadas: créditos, etiquetas coladas ou informações inscritas no suporte, sobrecapa e informações constantes na caixa, encarte, documentação referente à produção (roteiro do telejornal, declaração de depósito legal).

• *Transcrição*

Você pode reproduzir o nome da coleção, o da subcoleção e a numeração do modo como figuram no documento, depois da descrição material do documento*;

ex.: "Que sais-je? n.º 2.873", "Navarro".

2.8 Dados sobre a disponibilidade dos documentos *on-line* e sobre o acesso a eles

A referência de uma unidade documental *on-line* (recurso na internet ou em qualquer outra rede de computadores) não comporta dados sobre a produção do documento, mas sim todas as informações necessárias para localizar o documento na rede que o hospeda e ter aces-

---

* Convém ter presente que citações de documentos eletrônicos podem seguir a mesma forma de citação de materiais impressos. [N. da R.T.]

so direto a ele: endereço do servidor que o hospeda, nome do repertório, nome do arquivo ou, para um documento da internet, o URL (*Uniform Resource Locator*).

URL é um sistema de endereço que permite a localização de um recurso na internet. Ele é composto do identificador de um serviço precedido pelo protocolo[7] particular utilizado para ter acesso ao recurso. O URL que permite, por exemplo, localizar uma página na *web* começa com a indicação do protocolo http.

Para transcrever esse elemento, você deve ter necessariamente consultado o documento. A data de consulta permite saber em que época o endereço indicado era válido. Você sabe que um documento da internet é muito "volátil", o *site* que o hospeda também pode passar por transformações e, portanto, modificar uma parte de seu endereço.

Para um documento *on-line*, você pode indicar o nome do *software* necessário à sua leitura:

ex.: "Adobe Acrobat 4.5".

• *Fontes de informação*

O próprio recurso eletrônico (para os documentos *web*, pode ser necessário visualizar os metadados, ver cap. 5, fig. 2).

• *Transcrição*

Esse elemento de dado é escrito no fim da referência, antes do número internacional normalizado. As normas preconizam precedê-lo por "disponível em" ou alguma expressão equivalente. Você deve respeitar rigorosamente a pontuação e a utilização das maiúsculas e minúsculas tal como aparecem na fonte;

....

7. Protocolo: "conjunto das regras de sintaxe empregado para fazer computadores se comunicarem" (Z 44-082).

ex.: "Disponível em DIALOG"
"Disponível em Télétel 3615 Électre"
<http://www.abes.fr/su10.htm#NBRègles de cata logage>
<http://www.-rocq.inria.fr/-vercoust/METADA TA/DC-fr.1.1.html>

O desenvolvimento considerável e veloz da *web* e a evolução do desempenho dos navegadores levam a uma simplificação da transcrição dos URL. Assim, para todas as unidades documentais da *web*, é possível apresentar o URL a partir do nome do servidor que as hospeda, com ou sem "www", sem indicar o protocolo, exceto quando ele não for "http://"[8], e sempre entre colchetes angulares, "< >", para melhor legibilidade;

ex.: <www.info.unicaen.fr/bnum/jelec/Solaris>
<gopher://gopher.memphis.edu>

Se o documento referenciado estiver disponível em vários suportes, você poderá fornecer as outras formas de disponibilidade, precedendo-as por "Também disponível" ou qualquer outra expressão equivalente apropriada;

ex.: "Parcialmente acessível *on-line* [acesso em]"
"<www.adbs.fr/adbs/prodserv/document/html/ indEx.htm>"
"Também disponível na internet".

2.9 Números (internacionais) normalizados (obrigatório) ou Referência comercial para as gravações sonoras

Os números internacionais normalizados são números ou códigos (conjunto de números, de letras) que re-

---

8. Por exemplo: ftp (*file transfer protocole*), telnet, gopher.

Elementos de dados para a descrição de documentos \ 43

presentam, de maneira unívoca, uma publicação em alguns caracteres. De início, esse identificador foi aplicado a uma entidade física (livro, publicação seriada, disco, vídeo), depois a partes de documentos. A edição eletrônica deve identificar unidades documentais que às vezes pertencem a um só tempo a vários documentos (devido aos *links* no documento eletrônico), portanto a identificação integra uma (ou várias) localização(ões).

Alguns números internacionais são objeto de uma norma internacional que define a estrutura do identificador e a organização internacional das agências de atribuição. Esses identificadores são um dos elementos que figuram na redação das referências bibliográficas.

ISAN (*International standard audiovisual number*), número internacional normalizado para obra audiovisual. Número que identifica uma obra audiovisual durante toda a sua existência. Um ISAN é formado por dezesseis números e dividido em dois elementos: um identificador da obra audiovisual e um caractere de controle, precedidos, na forma impressa, pelas letras "ISAN" (conforme ISO 15706);

ex.: "ISAN 1881-66C7-3420-6541-9".

ISBN (*International standard book number*), número internacional normalizado para livros. Número que identifica internacionalmente cada edição ou cada volume ou parte separada de um documento não periódico, seja qual for o suporte. Aplica-se a livros, livros-cassete, documentos cartográficos, microformas, documentos eletrônicos (inclusive *softwares*) e documentos multimídia. É composto de dez números (incluindo o número de controle) e precedido pelas letras "ISBN" (conforme NF ISO 2108);

ex.: "ISBN 90-70002-34-5".

ISRC (*International standard recording code*), código internacional normalizado para gravações. Código que identifica uma gravação sonora ou em vídeo. É composto de doze caracteres alfanuméricos e precedido, em sua forma impressa, pelas letras "ISRC" (conforme ISO 3901);
  ex.: "ISRC FR-Z03-97-00212".

ISSN (*International standard serial number*), número internacional normalizado para publicações seriadas. Número destinado à identificação unívoca de publicações seriadas em qualquer suporte. É composto de oito números, incluindo um caractere de controle, e precedido pelas letras "ISSN" (conforme NF ISO 3297). Na transcrição, pode ser seguido por seu título-chave;
  ex.: "ISSN 0395-2037".

ISMN (*International standard music number*), número internacional normalizado para música. Número que identifica internacionalmente, de maneira unívoca, publicações musicais impressas. É composto da letra M seguida por 8 números e por um número de controle;
  ex.: "M-01-123456-3".

ISRN (*International standard technical report number*), número internacional normalizado para relatórios. Número que identifica de maneira unívoca um relatório (interno ou público, em qualquer suporte), caracterizando o organismo responsável e compreendendo o número seqüencial atribuído pelo organismo ao relatório. É composto de, no máximo, trinta e seis caracteres e precedido, na forma impressa, pelas letras "ISRN" (conforme NF ISO 1044);
  ex.: "ISRN EUR--12302-EN".

ISWC (*International standard musical work*), código internacional normalizado para obras musicais. O ISWC identifica as obras musicais na condição de criações. Não serve para identificar as manifestações dessas obras, nem os objetos ligados a elas. É constituído de um prefixo seguido por nove números e por um número de controle, e precedido, na forma impressa, pelas letras "ISWC" (conforme ISO 15707);

ex.: "ISWC T-034.524.680-1".

Referência comercial (para os fonogramas)

Engloba a marca e o número na marca, transcrito da forma como aparece no documento;

ex.: "La Voix de son maître EMF 101".

Fontes de informação: o documento.

Transcrição: você deverá reproduzir o número normalizado atribuído ao documento referenciado, seguindo a norma prescrita, ou seja, precedendo-o pelo identificador apropriado, por exemplo ISSN, ISBN;

ex.: "ISBN 2-7654-0537-9", "ISSN 1045-1064".

Na ausência de número normalizado, você deverá transcrever a referência comercial tal como aparece no documento.

A prática da transcrição dos números internacionais normalizados na redação de referências bibliográficas ainda é pouco corrente, já que nem todos os documentos os possuem. Mas o advento dos recursos eletrônicos com seus URL e numeração específica (administrando os direitos, em particular) certamente modificará esses hábitos.

2.10 Dados complementares colocados em "notas"

Aos diferentes elementos de dados utilizados para redigir suas referências, você poderá acrescentar certo número de informações que precisam ou completam a descrição do documento ou da unidade documental.

46 \ *Como redigir uma bibliografia*

Dois desses dados são obrigatórios: a **configuração computacional**, para documentos eletrônicos, e a **periodicidade**, para publicações seriadas em qualquer suporte. Todos os outros são facultativos e diferentes, dependendo do tipo de documento*.

2.10.1 Notas por tipo de documento

• Documentos eletrônicos

Descrição física

Documentos de acompanhamento – documentos anexos (manuais, cassetes, brochuras...) precedidos pela expressão "acompanhado de" ou equivalente.

Configuração computacional necessária (obrigatório).

Periodicidade (se o documento for publicação seriada; obrigatório).

Língua.

Outras notas: programadores, outras pessoas associadas, eventualmente tamanho do documento em número de registros ou *bytes*, capacidade de emitir som, imagem animada e cor, restrições de acesso.

• Gravações sonoras

Periodicidade (se o documento for publicação seriada; obrigatório).

Reedição ou última(s) data(s) de gravação ou de primeira publicação.

• Imagens animadas

Periodicidade (se o documento for publicação seriada; obrigatório).

----

* Ver 2.4 para normas da ABNT. [N. da R.T.]

Nota de conteúdo (filme de animação), nota sobre a língua da obra, sobre o histórico da obra, sobre as variantes do título, versão colorizada, suporte com componentes eletrônicos, modalidades de aquisição, utilização e público, nota sobre o exemplar descrito (circuito institucional de aquisição);

ex.: "baseado no romance de …", "gravação do concerto realizado em …, em …".

• **Imagens fixas**
Periodicidade (se o documento for publicação seriada; obrigatório).

Características do exemplar;

ex.: "título manuscrito na prova", "em cores (aquarela)", "prova colorida à mão".

2.10.2 Outros elementos a serem colocados em notas

• Informação sobre a **edição original** a partir da qual uma reimpressão, uma reprodução ou um fac-símile foram estabelecidos;

ex.: "Reimpr.: Bruxelas, Mundaneum, 1934",

para o *Traité de documentation* de Paul Otlet (cap. 4, Bibliografia A, n.º 45).

A **data** de publicação ou de edição é o momento em que o documento foi produzido e colocado à disposição do público (ver, neste capítulo, §2.5.3).

Essa data, que faz parte do conjunto de dados sobre a publicação, às vezes é complementada por uma nota, que fornece a data da primeira edição no caso de um documento reeditado (reedição fac-similar, como o exemplo acima, edição de bolso, tradução etc.).

48 \ *Como redigir uma bibliografia*

• Informação sobre o nome da produtora e a data de *copyright* da edição original, no caso de uma edição videográfica;

ex.: "1ª transmissão em 6 de novembro de 1965 no canal 1 de televisão. *Copyright* ORTF, 1965", para Dom Juan realizado por Marcel Bluwal.

• Informação sobre a acessibilidade ou utilização mais ou menos limitada de um documento;

ex.: "documento com tiragem limitada", "filme proibido para menores de 13 anos quando exibido no cinema".

• Informação sobre a situação de pré-publicação de um documento;

ex.: "a ser publicado", "no prelo".

• **Nota de tese** (natureza do doutorado ou de outro trabalho universitário, disciplina, instituição de defesa, ano de defesa);

ex.: "Memória DESS, Documentação e tecnologias avançadas, Paris 8, 1998"

ou: "Texto baseado em: Tese, Lingüística, Paris 8, 1992".

Fontes de informação: todas as fontes.

Transcrição: eventualmente abreviada.

3. AS FONTES DE INFORMAÇÃO

3.1 Recapitulação

Título e menção de responsabilidade: página de rosto ou substituto

Edição: *id.*

Publicação (imprenta): *id.*, outras partes liminares e colofão

Características materiais: o próprio documento

Coleção: qualquer fonte no documento, capa e sobrecapa, quarta capa
Nota: qualquer fonte
Número normalizado: qualquer fonte

3.2 As diferentes fontes de informação[9]

Cabeçalho: alto da primeira página, onde figuram o título do jornal e, eventualmente, as diversas menções administrativas ou outras, publicadas todos os dias (Z 44-063).

Colofão: menção que, em geral, aparece no fim da publicação impressa, com informações sobre a edição ou a impressão e, às vezes, sobre outros dados (Z 44-078).

Créditos: ficha de identificação de obra audiovisual. Transcreve o nome e informa a função de todos que participaram da criação e da realização da obra; fornece informações sobre o *copyright* (Z 44-065).

Expediente (para periódicos): menção do título, do proprietário, dos editores etc. de um jornal ou de uma revista. Embora sua localização varie, o expediente, em geral, se encontra, nos jornais, na página editorial e, nas revistas, na página do sumário (Z 44-063).

Home page: tela principal ou tela de abertura, para um recurso eletrônico, um documento hipertexto ou um *site web*.

Menção de *copyright*: menção que indica o(s) titular(es) do direito autoral sobre o documento ou sobre a obra interpretada e a data de obtenção desse direito ou, para imagens fixas, o ano da primeira publicação. No

....
9. As definições foram extraídas do *Vocabulaire de la documentation*, dos glossários das normas de referências e de descrição bibliográfica, e dos glossários da *Commission générale de terminologie et de néologie*.

50 \ *Como redigir uma bibliografia*

caso de gravações sonoras, essa menção também se aplica às obras reproduzidas graficamente, no suporte fonográfico e na embalagem (Z 44-066 e Z 44-077).

Menção de proteção (para os fonogramas): menção que indica o titular do direito sobre a gravação sonora e o ano da primeira publicação dessa gravação. Essa noção é própria do fonograma; é constituída de três elementos: o símbolo P, a indicação do ano da primeira publicação, o nome do produtor e do detentor dos direitos (Z 44-066).

Metadados: dados sobre os dados, informações sobre os recursos eletrônicos disponíveis simultaneamente na fonte. Compreendem, além das informações bibliográficas, dados que permitem a gestão do recurso descrito (criação, modificação, arquivamento) e dados referentes a direitos e condições de utilização associados ao recurso.

Página de rosto: página situada, em geral, no início de uma publicação; contém o título completo dessa publicação, a(s) menção(ões) de responsabilidade e, com freqüência, toda a imprenta ou parte dela.

Substituto da página de rosto: fonte que, no interior da publicação, fornece as informações mais completas (colofão, capa, cabeço, expediente, páginas editoriais).

Página inicial: ver *home page*.

Recipiente:

– tudo o que contenha um documento, um conjunto de documentos ou uma parte de documento fisicamente separável do material contido (uma caixa ou uma capa, e não uma fita cassete ou de rolo, são recipientes para discos) (Z 44-082);

– dispositivo material que contém um suporte ou um conjunto de suportes de documentos e que é fisicamente separável desses suportes (capa, caixa, estojo) (Z 44-065).

Sobrecapa: folha impressa de papel ou de outro material, que envolve a capa de um documento quando é publicado (Z 44-073).

3.3 Fontes por tipo e categoria de documento

Recapitulação feita a partir das normas de descrição bibliográfica.

Coleções:

1. página de rosto da coleção (se houver);

2. página de rosto da monografia, outras partes liminares, capa, colofão;

3. sobrecapa.

Fonogramas:

1. fontes associadas de forma duradoura ao documento (caixa, material anexo, capa);

2. fontes indissociáveis do documento (etiqueta, indicação gravada no suporte);

3. eventualmente o próprio documento, sua audição.

Imagens animadas:

1. créditos e informações fornecidos pelo registro de imagens e pela trilha sonora;

2. etiquetas coladas, informações gravadas no suporte, sobrecapa, informações contidas no recipiente;

3. material de acompanhamento;

4. documentação referente à produção (roteiro do telejornal, declaração de depósito legal).

Imagens fixas:

1. textos que figuram no documento, no conjunto dos documentos e nos documentos de acompanhamento;

2. fontes externas ao documento ou ao conjunto de documentos;

3. o que está representado no documento ou no conjunto de documentos.

Mapas:

1. o próprio documento cartográfico, as fontes associadas de forma duradoura ao documento (nota, brochura explicativa, capa destinada a proteger o documento, *portfolio*, envelope, canudo, arco ou suporte de um globo);

2. fontes externas: catálogos de editoras, enciclopédias, bibliografias, catálogos toponímicos.

Monografias: página de rosto ou substituto, colofão, outras partes liminares; para a coleção, se necessário, capa e sobrecapa, quarta capa.

Periódicos:

1. página de rosto;

2. capa, cabeçalho, expediente, editorial, colofão;

3. outras partes liminares e qualquer informação que houver nas sobrecapas ou cintas;

4. restante do fascículo;

5. fontes de referências externas (bibliografias, catálogos de editoras).

Recursos eletrônicos:

1. fontes internas (*home page*, menu principal, metadados ou qualquer outra informação que permita a identificação);

2. etiquetas ou informações diretamente legíveis no suporte físico;

3. documentação, embalagem ou outro material de acompanhamento.

2. Elementos de dados por categorias de documentos

Há três grandes categorias de documentos a serem referenciados: monografias, publicações seriadas (unidades bibliograficamente independentes) e partes componentes de documentos (capítulos de livros, contribuições a trabalhos coletivos, artigos de periódico), em qualquer suporte. Para identificar essas categorias de documentos, os seguintes elementos devem, obrigatoriamente, estar presentes: responsabilidade principal, título e data de publicação.

Alguns outros elementos são indispensáveis para caracterizar os documentos em suporte audiovisual ou eletrônico: indicação do tipo de documento ou do tipo de suporte, algumas características técnicas; para documentos audiovisuais, modalidades de acesso ao suporte; e, no caso de documentos *on-line*, disponibilidade e formas precisas de acesso.

Determinados documentos têm algumas particularidades de descrição (mesmo que façam parte do grande grupo das monografias), ligadas a seu modo de produção: são as cartas patentes, as normas, os trabalhos universitários e os relatórios técnico-científicos.

Fóruns de discussão, listas de discussão e mensagens eletrônicas (que se assemelham às publicações se-

54 \ *Como redigir uma bibliografia*

riadas e às partes componentes de documentos) também são apresentados à parte.

Mais adiante, para cada categoria de documentos, você encontrará a lista de elementos obrigatórios e facultativos para sua descrição, na ordem prescrita pelas normas. "É essencial que esses elementos sejam identificados todas as vezes em que o documento a ser identificado permitir. Os elementos […] facultativos […] podem ou não ser mencionados, de acordo com o nível geral de precisão exigido para a lista de referências ou com as características do documento a ser identificado" (Z 44-005, artigo 4, p. 4). Todos os elementos fornecidos na referência devem provir das fontes de informação prescritas (ver cap. 1). Se essas fontes não possibilitarem a identificação de algum elemento de descrição:

– ele poderá ser omitido;

– ele não deverá, de forma alguma, ser "inventado ou inferido por dedução pessoal".

Por outro lado, você tem de indicar uma data de publicação, que poderá ser aproximada (por exemplo "199?") se não houver outra possibilidade.

É evidente que, quando elementos obrigatórios ainda não forem usuais, por exemplo os números internacionais normalizados, você não transcreverá nenhuma informação correspondente na referência (ver cap. 1, §2.9).

As normas preconizam a utilização facultativa, nas referências de documentos audiovisuais, da indicação do tipo de documento (imagem fixa, imagem animada, gravação sonora), e a utilização obrigatória da indicação do tipo de suporte ou de difusão, no caso de recursos eletrônicos. Será particularmente útil fornecer esse elemento se você estiver fazendo uma bibliografia multimídia (ver cap. 1, §2.6.1).

Elementos de dados por categorias de documentos \ 55

A lista de elementos por categoria de documentos é seguida por um modelo e por um exemplo.

Nesta parte, os elementos facultativos dos modelos estão transcritos em itálico. A pontuação escolhida para os modelos e exemplos é o mais simples possível: um ponto (".") entre os elementos, uma vírgula (",") entre os subelementos. Nenhuma diferença tipográfica é utilizada nos exemplos abaixo. Várias possibilidades de pontuação e de utilização de caracteres tipográficos diferentes são apresentadas nos exemplos do capítulo 3 e nas bibliografias do capítulo 4.

É conveniente respeitar a prática tipográfica de colocar entre colchetes todas as informações acrescentadas ou corrigidas pelo redator da referência, com exceção das informações fornecidas na parte "notas".

A escolha do primeiro elemento (tradicionalmente o nome do autor) e sua transcrição (sobrenome prenome ou prenome sobrenome) dependem da escolha de classificação do produto final (bibliografia, lista de referências, notas de rodapé; ver cap. 3).

Nesta parte, todos os modelos e exemplos têm, como primeiro elemento, o nome do autor, transcrito: "sobrenome prenome" (exceto no caso de publicações seriadas).

1. CATEGORIAS DE DOCUMENTOS A SEREM REFERENCIADOS

Os nomes dos diferentes documentos são seguidos por uma definição adaptada ou extraída do *Vocabulaire de la documentation*, dos glossários das normas de referências e de descrição bibliográfica, e/ou dos glossários da

56 \ *Como redigir uma bibliografia*

Commission générale de terminologie et de néologie publicados pelo *Journal officiel* [Diário oficial][1] (*JO*).

O asterisco assinala os documentos para os quais são apresentados um modelo e um exemplo na próxima parte.

Arquivo: conjunto de documentos, quaisquer que sejam a data e o suporte material, produzidos ou recebidos por qualquer pessoa física ou jurídica, e por qualquer departamento ou organismo público ou privado no exercício de sua atividade.

Artigo*: texto independente que constitui uma parte de uma publicação periódica, de um fórum (ver também contribuição, parte componente de um documento).

Banco de dados: conjunto de dados relativo a uma área de conhecimentos definida e, com freqüência, organizado sob forma de base de dados para ser oferecido à consulta de usuários (*JO*).

Base de dados*: conjunto de objetos de dados armazenados, sob forma eletrônica, segundo um modelo, e acessíveis por computador (ISO 690-2).

Capítulo*: divisão numerada ou extraída de um documento escrito e que, em geral, se basta, embora se relacione com as divisões posteriores ou anteriores (ver também parte componente de um documento).

Carta patente[2]*****: a patente é um título de propriedade industrial outorgado por um órgão público e que garante a seu titular um monopólio de exploração temporário (*Code de la propriété intellectuelle*, 1999, artigo L

....

1. Para as normas de descrição citadas aqui pelo número de referência, ver bibliografia e "Algumas normas úteis".

2. Marx, Bernard, *La propriété industrielle*, Paris, Nathan/ADBS, 2000, pp. 32-6.

711-1, p. 29). A carta patente compreende o texto da patente, eventuais desenhos, as reivindicações e o relatório de pesquisa preliminar.

Contribuição*: texto independente que forma parte de uma publicação e que deve comportar, em sua identificação bibliográfica, parte da identificação da publicação que a contém (documento principal) (ver também parte componente de um documento, artigo).

Documento: termo genérico; informação registrada que pode ser considerada uma unidade ao longo de um tratamento documental, independentemente de sua forma física e de suas características (ISO 690-2).

Documento audiovisual: termo genérico que engloba imagens fixas, fonogramas e filmes ou documentos com imagens animadas (Z 44-065).

Documento eletrônico (ou recurso eletrônico): termo genérico; documento existente em formato eletrônico acessível por tecnologia computacional (ISO 690-2).

Documento principal (para partes componentes de um documento):
– documento que contém partes identificáveis separadamente, mas que não são independentes nem física nem bibliograficamente;
– publicação (livro, publicações seriadas) em qualquer suporte e composta de várias partes.

Fichário: conjunto ordenado de registros de mesma natureza (ISO 690-2).

Filme ou documento de imagens animadas*: seqüência de imagens, sonorizadas ou não, que reconstituem o movimento. Pode ser suporte de uma ou várias obras audiovisuais.

Fonograma*: qualquer fixação exclusivamente sonora de sons provenientes de uma execução e de outros sons (*Convenção de Roma* - art. 3b, *Convenção de Genebra* - art. 1a).

Fórum de discussão ou **lista de discussão**: serviço de informação eletrônica que possibilita o intercâmbio e a discussão sobre determinado tema entre seus assinantes; cada usuário pode, a qualquer momento, ler as intervenções de todos os outros e dar sua própria contribuição em forma de artigos. Um fórum de discussão oferece a possibilidade de consultar o encadeamento das contribuições, que se respondem umas às outras (*thread*, fio de discussão).

Gravação sonora: ver fonograma.

Imagem fixa*: representação em geral em duas dimensões, opaca (por exemplo estampa, desenho, prova fotográfica) ou translúcida (por exemplo *slide*, negativo), destinada a ser diretamente visualizada ou então projetada sem movimento por meio de instrumento óptico (Z 44-077).

Mailing list*: serviço de informação eletrônica que permite, por meio de um único endereço eletrônico, o envio automático de uma mensagem a uma lista de assinantes (ver também fórum de discussão, mensagem eletrônica).

Mensagem eletrônica*: documento obtido, consultado ou transmitido por meio de correio eletrônico (ver também *mailing list*).

Monografia*: obra que forma um todo, em um ou vários volumes, publicados de uma só vez ou durante um tempo limitado, segundo um plano estabelecido previamente (Z 44-050).

Multimídia: produto editorial que integra, em um único suporte ou em uma única consulta, som, texto e imagens fixas ou animadas destinados a serem consultados de forma simultânea e interativa (Z 44-082).

Música impressa: publicação musical em formato destinado à leitura, reproduzida pelos métodos triviais de impressão, por gravura, por fotocópia, por *offset* etc. Incluem-se, na música impressa, qualquer música destinada à execução, métodos, estudos, exercícios, assim como fac-símiles de manuscritos musicais (Z 44-069).

Norma*: especificação técnica ou outro documento acessível ao público, estabelecido com a cooperação e o consenso ou aprovação geral de todas as partes interessadas, e aprovado por um organismo qualificado em plano regional, nacional e/ou internacional. Uma norma fornece, para práticas comuns e repetidas, regras, diretrizes ou características, concernentes às atividades ou a seus resultados, garantindo padrão máximo de ordem em dado contexto. O campo de aplicação da normalização é muito amplo; engloba todos os produtos, bens de produção e serviços.

Obra audiovisual: criação que resulta de atividade intelectual ou artística em forma de documento de imagens animadas e que possui caráter de originalidade, já disponível ou destinada a ser colocada à disposição do público (Z 44-065).

Parte componente de um documento: parte de publicação (capítulo de livro, artigo de periódico, contribuição a uma obra coletiva) que deve comportar, em sua identificação bibliográfica, uma parte da identificação da publicação que a contém (documento principal) (ver também artigo, capítulo, contribuição).

60 \ *Como redigir uma bibliografia*

Partitura (para música impressa): publicação que apresenta simultaneamente todas as partes (vocais ou instrumentais, solos ou acompanhamentos) de um todo, superpostas compasso por compasso, cada uma em um pentagrama distinto. As variantes deste modo de apresentação são designadas pelo termo genérico partitura e especificadas pelos qualificativos necessários (de orquestra, de trabalho, de coros, condensada).

Periódico*: categoria de publicação seriada cuja periodicidade é, na maioria das vezes, inferior a um ano e cujos números têm, em geral, como característica, a diversidade de conteúdo e de contribuições, tanto em cada número quanto de um número a outro (Z 44-063).

Programa de computador: programa ou plano que define as ações em formato executável por computador.

Programa de mensagens: ver fórum de discussão e *mailing list.*

Publicação: termo genérico; documento em geral editado em múltiplos exemplares e destinado à difusão.

Publicação seriada: termo genérico; publicação, em qualquer suporte, editada em fascículos ou volumes sucessivos que se encadeiam em geral numérica ou cronologicamente durante um tempo não limitado de antemão. As publicações seriadas englobam: periódicos (jornais, revistas etc.), publicações anuais (relatórios, anuários, repertórios, cronologias etc.), memoriais, análises, atas etc., e coleções de monografias.

Recurso eletrônico: documentos (dados ou *softwares*) codificados para serem processados por um computador; inclui, de um lado, recursos que demandam a utilização de periféricos (por exemplo, leitor de CD-ROM) ligados ao computador e, de outro lado, serviços *on-line*;

   ex.: fóruns ou listas de discussão, *sites web* (Z 44-082).

Elementos de dados por categorias de documentos \ 61

Registro: grupo de dados habitualmente tratado como uma unidade; subconjunto de um arquivo (ISO 690-2).

Relatório*: documento que descreve resultados de pesquisas, de análises ou de outros estudos e que, inicialmente, é submetido à pessoa ou à entidade para a qual a pesquisa foi feita ou pela qual foi financiada. Um relatório pode abordar qualquer assunto. É possível identificar vários tipos de relatório: relatório de pesquisa, relatório de estudo metodológico, relatório de atividades, relatório de conjuntura, de missão... Via de regra, relatórios não são comercializados nem estão disponíveis em livrarias, mas são cada vez mais acessíveis na *web*. Em geral publicado sem regularidade, um relatório pode ser uma monografia isolada ou pertencer a uma coleção. Um relatório é identificado por um número internacional normalizado de identificação (ISRN).

Reprodução em fac-símile: reprodução fotomecânica de uma edição anterior de uma publicação (Z 44-078).

Tese*: o objetivo de uma tese ou de um documento semelhante (memorial, trabalhos universitários etc.) é a obtenção de um grau ou de uma qualificação no âmbito do ensino superior. Constitui uma contribuição pessoal à disciplina em questão, pela conclusão de uma pesquisa ou de uma experimentação original.

As teses, publicadas ou não, podem ser apresentadas em forma de livro, como unidade bibliográfica, como parte(s) de livro, como artigo(s) ou número especial de periódico, em forma de coletânea de trabalhos publicados anteriormente e em separado, em suporte impresso, eletrônico ou audiovisual.

Trailer: montagem de trechos destinada à apresentação rápida de uma obra audiovisual.

62 \ *Como redigir uma bibliografia*

Videofonograma*: utilizado aqui como documento de imagens animadas em suporte de vídeo (Z 44-065 parcialmente).

2. MONOGRAFIA, DOCUMENTO NO TODO

2.1 Impresso

Responsabilidade principal (obrigatório)
Título (obrigatório)
Responsabilidade secundária (facultativo)
Edição (obrigatório)
Local de publicação (facultativo)
Nome da editora (facultativo)
Ano de publicação (obrigatório)
Importância material (facultativo)
Coleção (facultativo)
Notas (facultativo)
Número normalizado (obrigatório)

Modelo*
Sobrenome do autor principal Prenome. Título da obra. *Prenome Sobrenome do autor secundário, função*. Edição. *Local de publicação, nome da editora*, ano de publicação. *Número de páginas. Coleção. Notas*. ISBN

Exemplo
Comberousse Martine. Histoire de l'information scientifique et technique. Paris, Nathan, 1999. Col. 128, n.º 231. ISBN 2-09-191015-5

....

* No Brasil, são dados obrigatórios da monografia: autor; título e subtítulo; edição (número); imprenta (local, editora e data). São dados facultativos: descrição física (número de páginas ou volumes), ilustração, dimensão; série ou coleção; notas especiais; ISBN.

Elementos de dados por categorias de documentos \ 63

2.2 Audiovisual (gravação sonora, filme, fotografia, vídeo)

Responsabilidade principal (obrigatório)
Título (obrigatório)
Indicação geral do tipo de documento (facultativo)
Responsabilidade secundária (facultativo) compreendendo autor da obra preexistente (no caso de obra literária de ficção ou obra musical adaptada), intérpretes, participantes
Edição (obrigatório)
Local de publicação, de produção ou de divulgação
Nome da editora, da produtora ou da divulgadora (facultativo)
Ano de publicação (obrigatório)
Indicação específica do tipo de documento e quantidade de unidades materiais (facultativo)
Outras características técnicas (largura do suporte, cor, som, velocidade de gravação) (facultativo)
Coleção (facultativo)
Notas (facultativo)
Número internacional (obrigatório se disponível)

• **Modelo para imagem fixa***
Sobrenome do autor Prenome. *Título [imagem fixa]. Local de publicação, nome da editora,* ano de publicação. *Quanti-*

....

* A norma para fotografias, no Brasil, é a seguinte: SOBRENOME DO FOTÓGRAFO, Prenome (ou nome do estúdio). Título. Ano. Número de unidades físicas: indicação de cor; dimensões.

Tratando-se de um conjunto de fotografias com suporte físico próprio, como, por exemplo, um álbum, essa informação deve preceder a do número de fotos. Por exemplo: KELLO, Foto & Vídeo. Escola Técnica Federal de Santa Catarina. 1997. 1 álbum (28 fot.): color.; 17,5×13 cm. [N. da R.T.]

64 \ *Como redigir uma bibliografia*

dade total de documentos, tipo de documento. Categoria técnica. Coleção. Notas

Exemplo
Perceval Alain. Ajaccio, vista aérea da cidade. Paris, Yvon, [1982]. 1 cartão-postal. Col. La Corse, oasis de beauté

• **Modelo para documento audiovisual***
Sobrenome do realizador Prenome, função. Título [*imagens animadas*]. *Outra responsabilidade, função. Local de produção, nome da produtora, função*, ano de produção. *Suporte, duração da gravação. Coleção. Notas*

Exemplo para fita de vídeo
Bluwal Marcel, real. Dom Juan ou Le festin de pierre. Molière, aut. Bry-sur-Marne, INA, 1991. 1 fita de vídeo VHS, 1h46min. Voir et savoir. Théâtre, n.º 2, 1ª transmissão em 6 de novembro de 1965 no canal 1 de televisão. *Copyright* ORTF, 1965

Exemplo para filme
Depardon Raymond, real. Paris. Paris Double D copyright films, Centre national de la cinématographie, Canal +, Köln, Westdeutscher Rundfunk, prod., 1997. 1 filme 35 mm, p& b, 91 min

....

* Para filmes e vídeos, no Brasil, a norma é a seguinte: TÍTULO. Autor e indicação de responsabilidade relevantes (diretor, produtor, realizador, roteirista e outros). Coordenação (se houver). Local: Produtora e distribuidora, data. Descrição física com detalhes de número de unidades, duração em minutos, sonoro ou mudo, legendas ou de gravação. Série, se houver. Notas especiais.

Exemplo: NOME DA ROSA. Produção de Jean-Jacques Annaud. São Paulo: Tw Vídeo distribuidora, 1986. 1 Videocassete (130 min.): VHS, Ntsc, son., color. Legendado. Port. [N. da R.T.]

Elementos de dados por categorias de documentos \ 65

• Modelo para gravação sonora*

Sobrenome do compositor Prenome. Título [*gravação sonora*]. *Outra responsabilidade, função. Local de publicação ou de produção, nome do editor ou do distribuidor,* data de publicação. *Quantidade de unidades materiais e tipo de documento, outras características técnicas. Coleção.* Notas. Referência comercial

Exemplo
Beethoven Ludwig van. Les sonates pour piano. Daniel Barenboïm, piano. Hamburgo, Polydor international, P 1984. 2 vols. de 6 discos, 33 rpm. Gravação digital. Deutsche Grammophon 413 766-1

2.3 Eletrônico (monografias eletrônicas, bases de dados, programas de computador, *sites web*)

Responsabilidade principal (obrigatório)

Título (obrigatório)

Tipo de suporte (obrigatório)

Responsabilidade secundária (facultativo)

Edição (obrigatório)

Local de publicação (facultativo)

....

* Para discos, no Brasil, a norma é a seguinte: AUTOR (compositor, executor, intérprete). Título. Direção artística (se houver). Local: Gravadora, número de rotações por minuto, sulco ou digital, número de canais sonoros. Número do disco.

Exemplo: DENVER, John. Poems, prayers & promises. São Paulo: RCA Records, 1974. 1 disco (38 min.): 33 1/3 rpm, microssulco, estéreo. 104.4049.

A referência de discos compactos (CD) difere da do disco comum apenas pela indicação de compacto e pela forma de gravação.

Exemplo: BEETHOVEN, Ludwig van. Beethoven: com Moonlight Sonata. São Paulo: Movieplay: 1993. 1 disco compacto (60+min.): digital, estéreo. GCH 2404. The greatest classical hits. [N. da R.T.]

66 \ *Como redigir uma bibliografia*

Nome da editora (facultativo)
Data de publicação (obrigatório)
Data de atualização ou de revisão (obrigatório)
Data de consulta (obrigatório para documentos *on-line*)
Coleção (facultativo)
Notas (facultativo)
Disponibilidade e acesso (obrigatório para documentos *on-line*)
Número normalizado (obrigatório)

Modelo
Sobrenome do responsável Prenome. Título [tipo de suporte]. *Responsabilidade secundária, função*. Edição. *Local de publicação, nome da editora*, data de publicação, data de atualização ou de revisão [data de consulta]. *Coleção. Notas.* Disponibilidade e acesso. Número normalizado

Exemplo
Musée d'Orsay [CD-ROM], visite virtuelle. Le Louvre, collections & palais. Paris, Réunion des musées nationaux, Montparnasse Multimédia, Montparnasse Multimédia distrib., 1997. 2 discos ópticos digitais, color., son. + 2 brochuras. J'imagine le monde.
Bloche Patrick. Le désir de France. La présence internationale de la France et de la Francophonie dans la société de l'information. Rapport au Premier Ministre [*on-line*]. Paris, dez. de 1998. [acesso em: 13 nov. 1999]. Disponível em: <www.internet.gouv.fr/francais/textesref/rapbloche98/rapbloche.doc>
Meeting Agenda [banco de dados *on-line*]. Gif-sur-Yvette (France), Centre d'études nucléaires - Saclay, Service de documentation, março de 1991 - [acesso em: 30 set. 1992]. Atualização quinzenal. Formato ASCII. Disponível em QUESTEL

Elementos de dados por categorias de documentos \ 67

3. PUBLICAÇÃO SERIADA NO TODO

3.1 Impresso

Título (obrigatório)
Responsabilidade principal (obrigatório)
Edição (obrigatório)
Designação do primeiro fascículo (data e/ou n.º) (obrigatório)
Local de publicação (facultativo)
Nome da editora (facultativo)
Ano(s) de publicação (obrigatório)
Coleção (facultativo)
Notas (facultativo)
Número normalizado (obrigatório)

*Modelo**
Título do periódico. Responsabilidade principal. Edição. Designação do primeiro fascículo (data e/ou número) ou do primeiro e do último fascículo, no caso de uma série completa ou parcial. *Local de publicação, nome da editora,* ano de publicação. *Coleção. Notas.* ISSN

....

* De acordo com a ABNT, para publicações seriadas como revistas, boletins etc. são dados obrigatórios: título do periódico, revista, boletim; local de publicação, editora, data de início da coleção e data de encerramento da publicação, se houver. São dados facultativos: periodicidade; notas especiais (mudanças de títulos ou incorporações de outros títulos, indicação de índices); ISSN.

Para fascículos, suplementos, números especiais com título próprio são dados obrigatórios: título da publicação; título do fascículo, suplemento, número especial; local de publicação, editora; indicação do volume, número, mês e ano, total de páginas. São dados facultativos: nota indicativa do tipo de fascículo, quando houver (por ex.: ed. especial); notas especiais. Ver 2.4. [N. da R.T.]

68 \ *Como redigir uma bibliografia*

Exemplo:
– Periódico encerrado
Infotecture: lettre bimensuelle des banques des données. 1979-2000. Paris, A Jour, 1979-2000. ISSN 0241-2640

– Periódico corrente
Documentaliste - Sciences de l'information. Paris, ADBS, 1964- . Bimestral. Parcialmente acessível *on-line*: <www.adbs.fr/adbs/prodserv/document/html/index.htm> [acesso em: 2 out. 2001]. ISSN 0012-4508

– Coleção
Que sais-je?. Paris, Presses universitaires de France, 1941- . Coleção. ISSN 0768-0066

3.2 Audiovisual (publicações seriadas de videofonogramas, coleções, séries de TV, programas, jornais…)

Título (obrigatório)
Indicação geral do tipo de documento (facultativo)
Responsabilidade (obrigatório)
Edição (obrigatório)
Designação do primeiro número (data e/ou n.º) (obrigatório)
Local de produção, de edição, de transmissão e/ou distribuição (facultativo)
Nome da produtora, da editora, da emissora e/ou distribuidora (facultativo)
Ano(s) de publicação (obrigatório)
Coleção (facultativo)
Notas (facultativo)
Número normalizado (obrigatório se disponível)

*Modelo**

Título da série [*imagens animadas*]. Prenome Sobrenome do produtor, função. Edição. Designação do primeiro número (data) ou do primeiro e último número, no caso de série completa ou parcial. *Local de produção, nome da produtora*, ano de produção. *Coleção. Notas.* ISSN

Exemplo

Le cercle de minuit. Laure Adler, Martine Jouando, prod. Thérèse Lombard, prod. artística. 1ª transmissão 7 set. 1992 - última transmissão, 26 de junho de 1997. Paris, França, 1992-1997. Semanal.

3.3 Eletrônico (publicações seriadas eletrônicas em algum suporte ou *on-line*)

(Ver também fórum de discussão e *mailing list*, 7.1.)

Título (obrigatório)
Tipo de suporte (obrigatório)
Edição (obrigatório)
Designação do primeiro fascículo (data e/ou nº) (obrigatório)
Local de publicação (facultativo)
Nome da editora (facultativo)
Data(s) de publicação (obrigatório)
Data de consulta (obrigatório para documentos *on-line*)
Coleção (facultativo)
Notas (facultativo)
Disponibilidade e acesso (obrigatório para documentos *on-line*)

....

* No Brasil, a indicação do tipo de documento, do local e do nome da produtora, editora, emissora, distribuidora etc. não são facultativos, mas obrigatórios. [N. da R.T.]

70 \ *Como redigir uma bibliografia*

Número normalizado (obrigatório se disponível)

Modelo*
Título do periódico [tipo de suporte]. Edição. Designação do primeiro fascículo (data e/ou n°.). *Local de publicação, nome da editora*, data de publicação [data de consulta]. *Coleção. Notas.* Disponibilidade e acesso. Número normalizado

Exemplo
Solaris [*on-line*]. Dossier n°. 1- Paris, GIRSIC (Groupe interuniversitaire de recherches en sciences de l'information et de la communication), 1994- [acesso em: 21 mar. 2001]. Anual. Disponível em: <www.info.unicaen.fr/bnum/jelec/Solaris>. ISSN 1265-4876

4. PARTE DE MONOGRAFIA

4.1 Impresso (capítulo de livro)

Responsabilidade principal pelo documento principal (obrigatório)
Título do documento principal (obrigatório)
Responsabilidade secundária pelo documento principal (facultativo)
Edição (obrigatório)
Local de publicação (facultativo)
Nome da editora (facultativo)

....
   * A norma brasileira é: TÍTULO DA PUBLICAÇÃO. Local (cidade), editora, se houver, volume, número, mês, ano. Disponível em: < endereço>. Acesso em: data.
   Exemplo: CIÊNCIA DA INFORMAÇÃO. Brasília, v.26, n.3, 1997. Disponível em: <http:// www.ibict.br/cionline>. Acesso em: 19 maio 1998. [N. da R.T.]

Ano de publicação (obrigatório)
Capítulo ou designação equivalente da parte (obrigatório)
Localização no documento principal (obrigatório)
Número normalizado (obrigatório se disponível)

Modelo*
Sobrenome do autor Prenome. Título do documento principal. *Responsabilidade secundária pelo documento principal.* Edição. *Local de publicação, nome da editora,* ano de publicação. Localização no documento principal (cap., título específico, páginas). Número normalizado

Exemplo
Le CoadicYves-François. La science de l'information. 2ª. ed. Paris, Presses universitaires de France, 1997. Cap. 5, L'épistemologie et l'histoire de la science de l'information, p. 61-91. ISBN 2-13-046381-9

4.2 Parte de audiovisual (seqüência de filme, faixa de disco...)

Responsabilidade principal pelo documento principal (obrigatório)
Título do documento principal (obrigatório)
Indicação geral do tipo de documento (facultativo)

....

* De acordo com a ABNT, a citação de partes segue a seguinte ordem: AUTOR DA PARTE REFERENCIADA. Título da parte referenciada. Referência da publicação no todo precedida da preposição latina In.

Exemplo: ORLANDO FILHO, José, LEME, Edson José de A. Utilização agrícola dos resíduos da agroindústria canavieira. In: SIMPÓSIO SOBRE FERTILIZANTES NA AGRICULTURA BRASILEIRA, 1984, Brasília. *Anais...* Brasília: EMBRAPA, Departamento de Estudos e Pesquisas, 1984. 643 p. p.451-475. [N. da R.T.]

Responsabilidade secundária pelo documento principal (facultativo)
Edição (obrigatório)
Local de publicação, de produção ou de distribuição (facultativo)
Nome da editora, da produtora ou da distribuidora (facultativo)
Ano de publicação, de produção ou de distribuição (obrigatório)
Numeração e/ou título da parte (obrigatório)
Localização no documento principal (obrigatório)
Notas (facultativo)
Número normalizado (obrigatório se disponível)

*Modelo**
Sobrenome do realizador Prenome, função. Título [*imagens animadas*]. *Outra responsabilidade, função. Local de produção, nome do produtor, função*, ano. Título da seqüência. Localização. *Notas.* Número normalizado
Sobrenome do compositor Prenome. Título [*gravação sonora*]. *Outra responsabilidade, função. Local de produção, nome do produtor, função*, ano. Título da faixa. Localização. *Notas.* Número normalizado

Exemplo
Petrucciani Michel, Gadd Steve, Jackson Anthony. Trio in Tokyo. Francis Dreyfus, 1999. 5, Love Letter. FDM 36605-2

....

* A NBR 6023 – ABNT, sobre Referências bibliográficas, ao estabelecer seu objetivo em 1.1, diz: "Esta Norma fixa as condições exigíveis pelas quais devem ser referenciadas as publicações mencionadas num determinado trabalho, relacionadas em bibliografias ou objeto de resumos ou recensões. Pode ser aplicada também à referenciação de material especial (microformas, mapas, gravações, filmes, etc)." Ver, portanto, exemplo em 4.1. [N. da R.T.]

4.3 Eletrônico (parte de monografias eletrônicas, bases de dados e programas de computador)

Responsabilidade principal pelo documento principal (obrigatório)
Título do documento principal (obrigatório)
Tipo de suporte (obrigatório)
Responsabilidade secundária pelo documento principal (facultativo)
Edição (obrigatório)
Local de publicação (facultativo)
Nome da editora (facultativo)
Data de publicação (obrigatório)
Data de atualização ou de revisão (obrigatório)
Data de consulta (obrigatório para documentos *on-line*)
Capítulo ou designação equivalente da parte (obrigatório)
Título da parte (obrigatório)
Numeração no interior do documento principal (facultativo)
Localização no documento principal (obrigatório, com freqüência incluída no URL)
Notas (facultativo)
Disponibilidade e acesso (obrigatório para documentos *on-line*)
Número normalizado (obrigatório)

Modelo
Sobrenome do autor do documento principal Prenome. Título do documento principal [tipo de suporte]. *Responsabilidade secundária pelo documento principal.* Edição. *Local de publicação, nome da editora,* data de publicação, data de atualização ou de revisão [data de consulta]. Capítulo ou

74 \ *Como redigir uma bibliografia*

designação equivalente da parte, Título da parte. *Numeração no interior do documento principal.* Localização no documento principal. *Notas.* Disponibilidade e acesso. Número normalizado

Exemplo
Lardy Jean-Pierre. Recherche d'information sur l'Internet, outils et méthodes. RISI 2001 [*on-line*]. Paris, ADBS, 2001 [atualizado em 28-02-2002] [acesso em: 11 mar. 2002]. Cap. 4, Problématiques de la recherche d'information sur le Web. Disponível em: <www.adbs.fr/adbs/sitespro/lardy/4-probl.html>

5. CONTRIBUIÇÃO A UMA MONOGRAFIA

Contribuição a um título, cujos autores não são os mesmos autores do título nem do documento principal no qual está incluída.

Você deverá separar claramente o título da contribuição do título do documento principal, utilizando ou tipografias diferentes ou uma pontuação clara. Você também poderá antepor a preposição latina *"In"* ao título do documento principal. Essa preposição indica claramente o fim da descrição da parte componente do documento e o início da identificação do documento principal.

5.1 Impresso (em obra coletiva ou publicações de congressos...)

Responsabilidade principal pela contribuição (obrigatório)
Título da contribuição (obrigatório)
Elemento de ligação (facultativo)

Elementos de dados por categorias de documentos \ 75

Responsabilidade principal pelo documento principal (obrigatório)
Título do documento principal (obrigatório)
Edição do documento principal (obrigatório)
Local de publicação do documento principal (facultativo)
Nome da editora do documento principal (facultativo)
Ano de publicação do documento principal (obrigatório)
Localização no documento principal (obrigatório)
Número normalizado

*Modelo**
Sobrenome do autor da contribuição Prenome. Título da contribuição, *responsabilidade secundária*. In Sobrenome do autor do documento principal Prenome. Título do documento principal. *Local de publicação, nome da editora*, ano de publicação. Localização e páginas inicial e final da contribuição. Número normalizado

Exemplo
Provansal Antoine. Référence bibliographique. In Cacaly Serge, dir. Dictionnaire encyclopédique de l'information et de la documentation. Paris, Nathan, 1997. P. 491. ISBN 2-09-190528-3

5.2 Audiovisual (quadro de um programa, faixa de disco, imagem de um álbum...)

Responsabilidade principal pela contribuição (obrigatório)
Título da contribuição (obrigatório)

....
* Quanto ao uso no Brasil, ver 4.1. [N. da R.T.]

76 \ *Como redigir uma bibliografia*

Elemento de ligação (facultativo)
Responsabilidade principal pelo documento principal (obrigatório)
Título do documento principal (obrigatório)
Indicação geral do tipo de documento (facultativo)
Responsabilidade secundária pelo documento principal (facultativo)
Edição (obrigatório)
Local de publicação ou de transmissão (facultativo)
Nome da editora ou da emissora (facultativo)
Data de publicação ou de transmissão (obrigatório)
Numeração no interior do documento principal (facultativo)
Localização no documento principal (obrigatório)
Notas (facultativo)
Número normalizado (obrigatório se disponível)

Modelo
Sobrenome do autor da contribuição Prenome. Título da contribuição. In Sobrenome do autor do documento principal Prenome. Título do documento principal [*tipo de documento*], *responsabilidade secundária pelo documento principal*. Edição. *Local de publicação, nome da editora*, data de publicação. *Numeração no interior do documento principal*. Localização no documento principal. *Notas*. Número normalizado

Exemplo
Musset Alfred de. Les caprices de Marianne. Ato I, fragmento. Gérard Philipe, Roger Mollien, intérpr. In L'inoubliable Gérard Philipe [gravação sonora]. Paris, Ados, P 1961-1989. Disco 2, 2. Ados 13.257-2

Elementos de dados por categorias de documentos \ 77

5.3 Eletrônico (contribuições a monografias eletrônicas, bases de dados, programas de computador, *sites web*)

Responsabilidade principal pela contribuição (obrigatório)

Título da contribuição (obrigatório)

Elemento de ligação (facultativo)

Responsabilidade principal pelo documento principal (obrigatório)

Título do documento principal (obrigatório)

Tipo de suporte (obrigatório)

Responsabilidade secundária pelo documento principal (facultativo)

Edição (obrigatório)

Local de publicação (facultativo)

Nome da editora (facultativo)

Data de publicação (obrigatório)

Data de atualização ou de revisão (obrigatório)

Data de consulta (obrigatório para documentos *on-line*)

Numeração no interior do documento principal (facultativo)

Localização no documento principal (obrigatório, com freqüência incluída no URL)

Notas (facultativo)

Disponibilidade e acesso (obrigatório para documentos *on-line*)

Número normalizado (obrigatório)

Modelo

Sobrenome do autor da contribuição Prenome. Título da contribuição. In Sobrenome do autor do documento principal Prenome. Título do documento principal [tipo de suporte], *responsabilidade secundária pelo documento princi-*

78 \ *Como redigir uma bibliografia*

pal. Edição. *Local de publicação, nome da editora,* data de publicação, data de atualização ou de revisão [data de consulta]. *Numeração no interior do documento principal.* Localização no documento principal. *Notas.* Disponibilidade e acesso. Número normalizado

Exemplo
Caron Rosaire. Comment citer un document électronique? In *Site* da Bibliothèque de l'Université de Laval [*online*]. Laval (Quebec). 1996-03-08, modificado em 27 ago. 2001 [acesso em: 28 fev. 2002]. Disponível em: <www.bibli.ulaval.ca/doelec/doelec29.html>

6. ARTIGO E OUTRAS CONTRIBUIÇÕES

6.1 Impresso (artigo de periódico)

Responsabilidade principal pelo artigo (obrigatório)
Título do artigo (obrigatório)
Responsabilidade secundária pelo artigo (facultativo)
Título do periódico (obrigatório)
Edição (obrigatório)
Localização no periódico (obrigatório)
Data, designação do fascículo, paginação da parte (obrigatório)
Número normalizado (obrigatório se disponível)

Modelo*
Sobrenome do autor do artigo Prenome. Título do artigo. *Responsabilidade secundária.* Título do periódico, localização no periódico (data, designação do fascículo, páginas inicial e final). *Número normalizado*

....
* Ver norma brasileira em 2.4. [N. da R.T.]

Elementos de dados por categorias de documentos \ 79

Exemplo
Lupovici Catherine. Le Digital Object Identifier, le système du DOI. Bulletin des bibliothèques de France, 1998, t. 43, n°. 3, p. 49-54. ISSN 0006-2006[3]

6.2 Audiovisual (notícia de telejornal, quadro de programa de televisão...)

Responsabilidade principal pela notícia/pelo quadro (obrigatório)
Título da notícia/do quadro (obrigatório)
Responsabilidade secundária pela notícia/pelo quadro (facultativo)
Título da série, do jornal (obrigatório)
Indicação geral do tipo de documento (facultativo)
Edição (obrigatório)
Local de publicação ou de transmissão (facultativo)
Nome da editora ou da emissora (facultativo)
Data de publicação ou de transmissão (obrigatório)
Designação do número (obrigatório se disponível)
Localização no interior da série (obrigatório)
Notas (facultativo)
Número normalizado (obrigatório se disponível)

Modelo
Sobrenome do realizador Prenome, função. Título da notícia/do quadro. *Responsabilidade secundária*. Título da série [*tipo de documento*]. *Local de transmissão, Nome da emissora*, data de transmissão. Número. Localização no interior da série

....

3. Na prática, o ISSN é, com freqüência, omitido nas referências de artigos.

80 \ *Como redigir uma bibliografia*

Exemplo
Lemoine Marie-Geneviève, real. Rénovation Opéra Garnier. TF1 20 heures [telejornal]. Boulogne, Télévision Française 1, 16 de junho de 2000, 20:37:12 :00 - 20:38:43 :00

6.3 Eletrônico (artigo em periódico eletrônico)

(Ver também mensagem eletrônica, 7.2.)

Responsabilidade principal pelo artigo (obrigatório)
Título do artigo (obrigatório)
Responsabilidade secundária pelo artigo (facultativo)
Título do periódico (obrigatório)
Tipo de suporte (obrigatório)
Edição (obrigatório)
Data de publicação (obrigatório)
Designação do número (obrigatório)
Data de atualização ou de revisão (obrigatório)
Data de consulta (obrigatório para documentos *on-line*)
Localização no interior do periódico (obrigatório, com freqüência incluída no URL)
Notas (facultativo)
Disponibilidade e acesso (obrigatório para documentos *on-line*)
Número normalizado (obrigatório)

*Modelo**
Sobrenome do autor do artigo Prenome. Título do artigo. *Responsabilidade secundária.* Título do periódico [tipo de su-

....
* No Brasil, a norma estabelece como elementos obrigatórios para periódicos em publicações *on-line*: AUTOR. Título do artigo. *Título da publicação seriada,* local, volume, número, mês ano. Disponível em <endereço>. Acesso em: data.

Exemplo: TAVES, Rodrigo França. Ministério corta pagamento de 46,5 mil professores. *Globo,* Rio de Janeiro, 19 maio 1998. Disponível em http://www.oglobo.com.br/. Acesso em: 19 maio 1988. [N. da R.T.]

Elementos de dados por categorias de documentos \ 81

porte]. Edição. Data e/ou número. Data de atualização ou de revisão [data de consulta], localização no interior do periódico. *Notas*. Disponibilidade e acesso. Número normalizado

Exemplo

Giuliani Élisabeth. Les enjeux de la normalisation à l'heure du développement de l'information dématérialisée. Solaris [*on-line*], dezembro de 1999-jan. de 2000 [acesso em: 28 abr. 2001], dossier nº 6. Disponível em: <www.info.unicaen.fr/bnum/jelec/Solaris/d06/6giuliani.html>. ISSN 1265-4876

7. FÓRUM DE DISCUSSÃO, *MAILING LIST* E MENSAGEM ELETRÔNICA

7.1 Fórum de discussão, *mailing list* (publicação seriada eletrônica)

(Como o acesso aos fóruns de discussão e às *mailing lists* são diferentes, pode ser útil precisar a categoria como "tipo de suporte".)

Título (obrigatório)
Tipo de suporte (obrigatório)
Local de publicação (facultativo)
Nome da editora (facultativo)
Data de publicação (obrigatório)
Data de consulta (obrigatório)
Notas (facultativo)
Disponibilidade e acesso (obrigatório)

Modelo

Título [tipo de suporte]. *Local de publicação, nome da editora*, data de publicação [data de consulta]. *Notas*. Disponibilidade e acesso.

82 \ *Como redigir uma bibliografia*

Exemplo

Association des professionnels de l'information et de la documentation. ADBS-info [*on-line*]. Paris, ADBS [acesso em: 24 mar. 2001]. Disponível em: <adbs-info@cru.fr> Discussion of software for citations and bibliographies [lista de discussão]. Agosto de 1992- [acesso em: 23 ago. 2001]. <BIBSOFT@LISTSERV.IUPUI.EDU>

7.2 Mensagem eletrônica (contribuição a um fórum de discussão ou a uma *mailing list*, chamada geralmente de artigo de fórum)

(Utilizar apenas para as mensagens arquivadas por listas de discussão e fóruns de difusão; as referências a mensagens pessoais são utilizadas apenas ao longo do texto.)

Responsabilidade principal pela mensagem (obrigatório)

Título da mensagem (obrigatório)

Elemento de ligação (facultativo)

Título do programa de mensagens (obrigatório)

Tipo de suporte (obrigatório)

Local de publicação (facultativo)

Nome da editora (facultativo)

Data de publicação (obrigatório)

Data de consulta (obrigatório)

Numeração no interior do sistema hospedeiro (facultativo)

Localização no interior do sistema hospedeiro (obrigatório, com freqüência inclusa no URL)

Notas (facultativo)

Disponibilidade e acesso (obrigatório, exceto para as mensagens pessoais)

Elementos de dados por categorias de documentos \ 83

Modelo
Nome do autor da mensagem Prenome. Título da mensagem. *Responsabilidade secundária/destinatários.* In Título da lista ou do fórum [tipo de suporte]. *Local de publicação, editora,* data de publicação ou data de emissão [data de consulta]. *Numeração no interior do sistema hospedeiro.* Localização no interior do sistema hospedeiro. *Notas.* Disponibilidade e acesso

Exemplo
Villemeur Hervé de. Logiciels de bibliographie personnelle: une revue dans "Nature". In Adbs-info [*mailing list*]. 02 Aug 1999 12:45:00 +0200 [acesso em: 3 out. 2001]. Disponível em: <listes.cru.fr/wws/arc/adbs-info/1999-08/msg00003.html>

8. DOCUMENTOS PARTICULARES

8.1 Carta patente

(Informação formalizada, estruturada internacionalmente, contendo dados técnicos, administrativos e legais.)

Responsabilidade principal (obrigatório)
Título da invenção (obrigatório)
Responsabilidade secundária (facultativo)
País ou organismo de depósito (obrigatório)
Tipo da carta patente (obrigatório)
Número (obrigatório)
Data de publicação do documento (obrigatório)

Modelo*
Nome do depositante. Título da patente. *Nome do inventor da patente.* País de registro, tipo da carta patente número de publicação. Data de publicação (ano - mês - dia)

....
* No Brasil, são elementos obrigatórios: Nome(s) do inventor(es), se houver, seguido da expressão inventor(es); NOME DO

84 \ *Como redigir uma bibliografia*

Exemplo
Delalande. Procédé de préparation d'un copolymère de deux acides alpha-aminés. *André Brack*. França, Patente n.º 2625507. 1989-07-07

8.2 Norma

• Em suporte papel
Número de referência da norma (obrigatório)
Data de homologação ou de publicação (obrigatório)
Título e subtítulo (obrigatório)
Edição (obrigatório)
Outro(s) número(s) de identificação do documento (por exemplo, número de coleção) (facultativo)
Local de publicação (facultativo) e editor comercial (obrigatório)
Ano de edição (obrigatório)
Errata e/ou emendas à norma (obrigatório)
Suporte físico (além do papel) (facultativo)
Língua do documento (facultativo)
Importância material (por exemplo, número de páginas) (facultativo)
Número normalizado (obrigatório)

Modelo
Número de referência. Data de homologação ou de publicação. Título da norma. Subtítulo. Edição. *Outro número. Local de edição*, editor, ano de edição. *Código de língua. Número de páginas*. ISSN e/ou ISBN

....

DEPOSITANTE. Título da patente. Sigla do país, seguida da expressão patente e do número da mesma. Data de publicação da patente.

Exemplo: Hoffmann, K., Herbst, H., Pfaendner, R., inventores; CIBA-GEIGY, depositante. Processo para estabilização de pead. BR patente 9507145-8 A . 02 set 1997. [N. da R.T.]

Elementos de dados por categorias de documentos \ 85

Exemplo

Z 44-005. Décembre 1987, ISO 690. Août 1987. Documentation. Références bibliographiques: contenu, forme et structure. Paris, AFNOR, 1987. 13 p. Norma francesa, ISSN 0335-3931

ISO 7220. Information et documentation. Présentation des catalogues de normes. ISO, 1996. FR. 17 p.

• **Em suporte eletrônico**

Número de referência da norma (obrigatório)

Data de homologação ou de publicação (obrigatório)

Título e subtítulo (obrigatório)

Tipo de suporte (obrigatório)

Edição (obrigatório)

Outro(s) número(s) de identificação do documento (por exemplo, número de coleção) (facultativo)

Data de edição (obrigatório se disponível)[4]

Data de consulta (obrigatório)

Errata e/ou emendas à norma (obrigatório)

Língua do documento (facultativo)

Importância material (por exemplo, número de páginas, tamanho do arquivo) (facultativo)

Disponibilidade e acesso (obrigatório para documentos *on-line*)

Número normalizado (obrigatório)

....

4. A data da norma corresponde ou à entrada em vigor da decisão de homologação, no caso de normas homologadas (a data é especificada pelo mês e pelo ano), ou à data de publicação, no caso de normas experimentais e fascículos de documentação. Com freqüência, essa data é colocada depois do número de referência, em particular nas citações de normas (ver cap. 3).

86 \ *Como redigir uma bibliografia*

Modelo
Número de referência. Data de homologação ou de publicação. Título da norma. Subtítulo. [tipo de suporte]. Edição. *Outro número*. Data de edição. *Código de língua. Número de páginas*. Disponibilidade e acesso. Número normalizado

Exemplo
NF EN ISO 9000. Décembre 2000. Systèmes de management de la qualité - Principes essentiels et vocabulaire (versão francesa). [*on-line*] [acesso em: 10 mar. 2002]. Arquivo PDF 390 kb. Disponível mediante pedido no *site* da AFNOR: <normesenligne.afnor.fr/cgi-bin/normesenligne.storefront/>

8.3 Trabalhos universitários (tese, memorial) não publicados

Uma tese ou uma dissertação de mestrado (etc.) publicada deve ser descrita como uma monografia, com uma menção de tese em nota (ver cap. 1, §2.10.2; ex. cap. 5)[5].

• Em suporte papel
Responsabilidade (obrigatório)
Título (obrigatório)
Ano de defesa (obrigatório)
Importância material (facultativo)
Tipo de trabalho universitário (obrigatório)
Disciplina (obrigatório)
Instituição em que foi defendida (obrigatório)

....

5. O nome do orientador da tese pode ser um ponto de acesso acrescentado à referência.

Modelo*
Sobrenome do autor Prenome. Título. Ano de defesa. *Número de volumes e de páginas.* Tipo de trabalho (tese, dissertação, memorial), disciplina, instituição em que foi defendida, ano.

Exemplo
Le Guelvouit Arnaud. De la théorie à la pratique, comment concevoir un service *web*, 1998. 149-30 p. Mem. DESS, Documentação e tecnologias avançadas, Paris 8, 1998

• Em suporte eletrônico
Responsabilidade (obrigatório)
Título (obrigatório)
Tipo de suporte (obrigatório)
Tipo de trabalho universitário (obrigatório)
Disciplina (obrigatório)
Instituição em que foi defendida (obrigatório)
Ano de defesa (obrigatório)
Importância material (facultativo)

Modelo
Sobrenome Prenome. Título [tipo de suporte]. Tipo de trabalho (tese, dissertação, memorial), disciplina, instituição em que foi defendida, data [data de consulta], *paginação.*
Disponibilidade e acesso

....

* O modelo usado no Brasil é semelhante: AUTOR. Título: subtítulo. Ano de defesa. Número de páginas ou volumes. Tipo de trabalho (tese, dissertação, memorial) e disciplina ou área de concentração. Instituição em que foi defendida, local.

Exemplo: RODRIGUES, M. V. Qualidade de vida no trabalho. 1989. 180 p. Dissertação (Mestrado em Administração). Faculdade de Ciências Econômicas, Universidade Federal de Minas Gerais, Belo Horizonte. [N. da R.T.]

88 \ *Como redigir uma bibliografia*

Exemplo
Zimpfer Véronique. Amélioration du traitement numérique des signaux dans les systèmes actifs en protection auditive [*on-line*]. Tese, Institut national des sciences appliquées de Lyon, 2000 [acesso em: 17 set. 2001]. 137 p. Disponível em: <csidoc.insa-lyon.fr/these/2000/zimpfer/index.html>

8.4 Relatório técnico-científico

- **Em suporte papel**
  Responsabilidade (obrigatório)
  Título (obrigatório)
  Local (facultativo)
  Nome do organismo de pesquisa (obrigatório)
  Ano de publicação (obrigatório)
  Importância material (facultativo)
  Número (obrigatório)

Modelo
Sobrenome do autor Prenome[6]. Título. *Local*, organismo, ano. *Número de páginas*. Número do relatório

Exemplo
Pincemin B., Lemesle X. État de l'art des idées implémentées dans les moteurs de recherche par index sur le www. Électricité de France, 1997. 37 p. Relatório EDF-DER - 9 - NO-00011

- **Em suporte eletrônico**
  Responsabilidade (obrigatório)

....
6. Com freqüência, os relatórios têm vários autores. Em uma apresentação de referência com o autor como primeiro elemento, os diferentes autores podem ser colocados um em seguida ao outro (para a ordem, ver cap. 3).

Elementos de dados por categorias de documentos \ 89

Título (obrigatório)
Tipo de suporte (obrigatório)
Local (facultativo)
Nome do organismo de pesquisa (obrigatório)
Ano de publicação (obrigatório)
Data de consulta (obrigatório)
Importância material (facultativo)
Disponibilidade e acesso (obrigatório)
Número (obrigatório)

Modelo
Sobrenome do autor Prenome. Título [tipo de suporte].
Local de publicação, organismo, data de publicação [data de consulta]. *Número de páginas*. Disponibilidade e acesso.
Número do relatório

Exemplo
Djamidi Rachid, Nikoukhah Ramine, Sorel Yves, Steer Serge. Interface Scicos-SynDEx [*on-line*]. Rocquencourt, INRIA, setembro de 2001 [acesso em: 1º. out. 2001]. 68 p. Arquivo PDF. Disponível em: <www.inria.fr/rrrt/index.fr. html>. RR 4250

3. Redação das bibliografias

Depois de termos visto como distinguir e transcrever todos os elementos que permitem identificar corretamente um documento, vejamos como apresentar uma bibliografia.

Neste capítulo são apresentadas várias questões com, às vezes, várias respostas possíveis. Não há regra única (e muito menos normas!) para esta parte. Você encontrará nos capítulos 2 e 5 e na bibliografia deste livro (cap. 4) algumas alternativas possíveis.

1. O QUE É UMA BIBLIOGRAFIA?

Bibliografia é uma lista de referências ou de notas bibliográficas classificadas de acordo com certos critérios para permitir acesso às informações a que remetem. Às vezes pode indicar a localização dos documentos listados. Ela pode ser: **descritiva** (autor, título, data...), **comentada** ou **analítica** (com comentário, resumo ou nota crítica), **atual** (corrente) ou **retrospectiva** (referente a um período determinado, bem definido, ex.: "bibliografia dos documentos publicados de janeiro de 1998 a ja-

92 \ *Como redigir uma bibliografia*

neiro de 2001"), **seletiva** ou **exaustiva**. Uma bibliografia pode se apresentar em forma de documento autônomo (também chamado de **repertório bibliográfico**) ou em forma de anexo a um documento ou a uma parte de documento. À semelhança da bibliografia, podemos, com o sufixo "grafia", compor alguns termos que designam listas de referências e repertórios próprios a determinados tipos de documento: **discografia** para uma lista de referências de discos, **filmografia** para filmes, **videografia** para vídeos etc. e, atualmente, **webgrafia** para documentos da *web*.

2. ESCOLHA DOS DOCUMENTOS A SEREM REFERENCIADOS E INCLUÍDOS EM UMA BIBLIOGRAFIA

A maioria das obras de pesquisa ou síntese, dos artigos de revista científica, revista de difusão ou jornal, dos textos de comunicação em congressos, dos suportes de cursos e, claro, dos trabalhos universitários (memorial, dissertação, tese…) se apóia em certo número de documentos. É prática esses textos serem acompanhados das referências das fontes (documentos) utilizadas e da literatura sobre o assunto. Em geral, uma bibliografia atende a dois objetivos: fornecer pontos de referência ao leitor e justificar o trabalho realizado e as idéias enunciadas[1].

....

1. "Por intermédio dessas citações, um autor identifica as relações semânticas entre seu artigo e os documento citados. Além disso, os novos artigos que citam os mesmos documentos antigos têm, em geral, relações semânticas entre eles. As citações fornecem a linhagem histórica do saber e são o reflexo de uma dívida intelectual. Servirão

A bibliografia anexada a um trabalho pode comportar referências de várias categorias de documentos: todos os documentos consultados pelo autor do trabalho (e da bibliografia), os documentos citados no corpo do texto, as publicações básicas, fundamentais ou referentes ao assunto, a totalidade desses documentos ou uma seleção deles.

É evidente que essas possibilidades dependem essencialmente dos objetivos do trabalho.

2.1 Quais documentos?

Quais documentos incluir na bibliografia que acompanha seus trabalhos? (Os documentos podem ser monografias, partes de documentos, artigos, publicações seriadas: revistas, bancos de dados etc., em qualquer suporte.)

Para artigos originais, todo trabalho mencionado no texto deve ser objeto de uma referência bibliográfica, e, inversamente, toda referência bibliográfica deve corresponder a um documento mencionado no texto.

Para os artigos gerais, de síntese ou de escólio, uma lista de publicações básicas, fundamentais ou que permitam dar prosseguimento ao trabalho sobre o assunto, e cuja leitura é aconselhada, pode ser utilmente anexada à bibliografia dos trabalhos citados, às vezes até substituindo-a.

Em algumas disciplinas (por exemplo história, literatura, artes) pode ser necessário distinguir:

– as **fontes**, ou seja, o material bruto estudado (tex-

....

para descrever a configuração do público que utiliza textos técnico-científicos em uma determinada área"; citado por Yves Le Coadic em *La science de l'information* [*Ciência da informação*], pp. 63-4, ver cap. 4, Bibliografia A, n.º 44.

tos, arquivos, obras, dados cifrados…), apresentadas à parte. Se forem fontes não publicadas (manuscritos, arquivos, obras de arte…), a descrição deverá ser seguida pela indicação do local em que são mantidas. Se forem fontes editadas, deverão ser citadas conforme as regras adotadas para a bibliografia;

– a **literatura crítica** (ou secundária), ou seja, documentos que estudam, analisam, sintetizam, criticam ou interpretam. Documentos deste tipo constituem a bibliografia, visto que se referem, no todo ou em parte, ao assunto do trabalho.

2.2 Tudo ou seleção

Em geral, supõe-se que você tenha consultado todos os documentos apresentados nas referências. Mas será que você deve incluir em uma bibliografia as referências de **todos os documentos** consultados, as de todos os documentos realmente utilizados ou apenas as dos documentos interessantes para o provável leitor de seu trabalho?

De qualquer forma, raramente é útil colocar em uma lista bibliográfica as referências de documentos tais como obras, dicionários ou enciclopédias gerais das quais apenas algumas partes foram consultadas. É o mesmo caso de documentos nos quais você só pinçou algumas citações, mas que desenvolvem temas totalmente diferentes do assunto tratado em seu trabalho. Essas diversas fontes serão referenciadas no decorrer do texto ou em notas de rodapé se você utilizar alguns trechos (definição, verbete enciclopédico, citações de textos…). Dicionários, enciclopédias etc. serão eventualmente citados em uma introdução de tipo metodológico.

2.3 Partes de documento

A referência deverá ser do documento no todo ou da **parte** que você utilizou? Apenas a parte pode ser incluída na bibliografia; se você achar que todo o documento pode ser interessante para os leitores, a referência da parte (referência com a localização exata) deverá ser feita em nota de rodapé ou em bibliografia no final do capítulo ("lista de referências"), e a referência do documento no todo será feita na bibliografia anexa ao trabalho.

2.4 Qual versão?

Quando o documento existir em vários suportes, qual versão você deverá citar, a versão impressa ou a eletrônica *on-line*? Atualmente, a versão escolhida com maior freqüência é a impressa, considerada, por enquanto, mais perene que a eletrônica, da qual apenas o URL é citado.

Com o atual desenvolvimento dos recursos eletrônicos e da *web*, deve-se escolher a versão mais fácil de ser obtida. A referência da versão escolhida deve ser seguida por uma breve indicação do outro suporte;

> *ex.*: La recherche d'information sur l'Internet: méthodes et outils / Jean-Pierre Lardy. – 7ª. ed. modificada e atualizada em maio de 2001. – Paris: ADBS Ed., 2001. – 123 p. – (Col. Sciences de l'information. Série Recherches et documents, ISSN 1159-7666). – Também disponível no *site* da ADBS: <www.adbs.fr/adbs/sitespro/lardy>. – ISBN 2-84365-052-6.

96 \ *Como redigir uma bibliografia*

2.5 Exatidão das referências

As referências exatas e precisas (sob responsabilidade exclusiva do autor do estudo) devem permitir identificar e localizar com facilidade o documento citado. Para respeitar a exigência de exatidão, os autores são, com freqüência, aconselhados, nos protocolos de editoras e nas regras universitárias, a verificar os elementos de descrição no próprio documento.

2.6 Citação de citação

É usual e honesto colocar em uma bibliografia apenas os documentos consultados. No entanto, você pode citar documentos que não tenha consultado diretamente, mas cujas referências tenha encontrado em fonte digna de fé.

Se você utilizar uma referência ou citação de outro autor, deverá indicar a fonte de sua referência ("segundo …", "citado por …").

Referência extraída de obra
Yates France, *L'art de la mémoire*, Paris, 1975 [citado por Elizabeth L. Eisenstein. *La révolution de l'imprimé*. La découverte, 1991]

Referência extraída de banco de dados
D'Aguilar Jacques, *Notes de bibliographie entomologique*. L'Entomologiste, 2001, vol. 57, n.º 2, p. 85 - 88 [citado em <articlesciences.inist>, n.º 3285]

Citação feita por outro autor
"En science de l'information, quand un document (A) fait mention, se réfère à un document (B), on dit que le document (B) a été cité par le document (A). Dans ce cas, référence et citation sont interchangeables. Alors qu'en littéra-

Redação das bibliografias \ 97

ture, la citation, c'est un extrait, un emprunt: la phrase, le passage, le texte emprunté à un auteur que l'on reproduit textuellement pour illustrer, appuyer ce que l'on veut dire."*
A. Compagnon, *La seconde main ou le travail de citation*, Paris, Le Seuil, 1979 [citado por Yves Le Coadic, *La science de l'information*. Presses universitaires de France, 1997, p. 63].

É evidente que essa regra de boa conduta se aplica aos estudantes (já que a bibliografia, por fazer parte do trabalho, será, assim como ele, avaliada), mas também aos pesquisadores e profissionais da informação-documentação; ela permite a utilização confiável de toda bibliografia apresentada. Dessa forma, os documentos referenciados são considerados, pelos leitores, corretamente descritos e pertinentes ao assunto.

3. QUAL CATEGORIA DE BIBLIOGRAFIA ESCOLHER?

Você tem três possibilidades de apresentação para suas referências bibliográficas. Elas podem ser colocadas:
– em **notas de rodapé**;
– em uma lista no final do trabalho ou das diferentes partes dele (por exemplo, no fim dos capítulos), lista em geral denominada "**lista de referências**" ou "**referências**";

....

* Tradução: "Em ciência da informação, quando um documento (A) menciona ou se refere a um documento (B), diz-se que o documento (B) foi citado pelo documento (A). Nesse caso, referência e citação são intercambiáveis. Ao passo que, em literatura, a citação é um excerto, um empréstimo: a frase, a passagem, o texto tomado de um autor e reproduzido textualmente para ilustrar ou embasar o que se quer dizer." [N. da T.]

98 \ *Como redigir uma bibliografia*

– em uma **bibliografia** colocada como anexo do trabalho.

Você só poderá fazer essa escolha quando souber quais serão os prováveis leitores de seu trabalho e quando tiver uma idéia da quantidade de documentos a serem citados.

No caso de um trabalho universitário, você deve se informar sobre as regras habituais de sua universidade, e, para um trabalho a ser editado, conhecer os protocolos editoriais; mas você sempre pode fazer propostas diferentes das regras estabelecidas, justificando-as.

3.1 Notas de rodapé

As **notas de rodapé** complementam a informação fornecida no texto, seja com uma informação suplementar, seja com uma remissão a algum documento:

– o documento foi utilizado apenas para a citação em questão: sua referência bibliográfica virá apenas em nota de rodapé;

– o documento se refere a todo o capítulo ou artigo e é citado eventualmente várias vezes: sua referência bibliográfica virá na lista de referências no final do capítulo ou artigo, e a nota deverá assegurar a correspondência exata entre a citação e a referência;

– o documento concerne a toda a obra, ao(s) tema(s) do trabalho: a referência bibliográfica virá na bibliografia, e a nota deverá assegurar a correspondência exata entre a citação e a referência.

Nos dois últimos casos, a citação do documento pode ser feita no decorrer do texto, por um número ou qualquer outro "sinal" que possibilite identificar a referência na lista de referências ou na bibliografia, ou por uma nota de rodapé que contenha a referência eventualmente abreviada (por exemplo, autor, título e localização) e a remissão à referência completa.

A escolha depende da leitura proposta:

– ou a citação é parcialmente explicitada na nota;

– ou ela deve ser explicitada pela remissão à lista ou à bibliografia;

– ou a citação é significativa por si só: citações por autor, autor/data ou específica (ver cap. 3, §6) permitem a identificação imediata da fonte se o leitor conhece a área.

3.2 Lista de referências

A lista de todas as fontes utilizadas no trabalho é fornecida no fim do corpo do texto, é uma **lista de referências**; ela contém apenas referências bibliográficas dos trabalhos específicos em que você apoiou sua pesquisa. Há revistas que aceitam apenas listas de referências em seu protocolo de edição (por exemplo, o "estilo APA journal"). As citações são feitas no texto, nos locais apropriados.

3.3 Bibliografia

A **bibliografia** do fim da obra pode retomar todas as referências citadas em notas de rodapé e a(s) lista(s) de referências do fim dos capítulos; também pode compreender referências de documentos não citados mas utilizados para o trabalho e referências de outros documentos úteis para aprofundar o assunto.

As referências da literatura suplementar não citadas no texto, mas que com certeza interessam ao leitor, são, na maioria das vezes, fornecidas em uma bibliografia à parte, colocada como anexo. Elas também podem ser incorporadas à bibliografia do final do texto com uma sinalização específica informada previamente.

Alguns trabalhos, universitários ou não, têm caráter estritamente bibliográfico, listas comentadas de fontes nas quais estão inventariados todos os documentos existentes sobre um assunto, um período etc. Essas **bibliografias independentes**, muito semelhantes às bibliografias colocadas como anexo, na maioria das vezes utilizam prescrições "documentais" para sua produção (aplicação de um plano sistemático, escolha de normas de descrição bibliográfica para a redação de notas bibliográficas – em vez de referências –, com indicação do conteúdo: resumo, palavras-chave etc.).

4. REDAÇÃO DAS REFERÊNCIAS (LUGAR DOS AUTORES, MAIÚSCULAS, PONTUAÇÃO, ASPECTOS GRÁFICOS)

Utilização de maiúsculas, de determinada pontuação, de caracteres itálicos ou redondos, de sublinhas, de caracteres negritos ou claros, escolha da ordem dos elementos.

4.1 Regras gerais

Essa parte é a mais diversificada em todas as regras prescritas (por exemplo: recomendações para a redação de trabalhos universitários, regras recomendadas por editoras), mas nunca foi incluída nas normas em vigor.

Os diferentes "estilos" têm abordagens variadas, dependendo das disciplinas e provavelmente de algumas tradições estabelecidas, mas existem alguns pontos comuns:

– fornecer o máximo de informações exatas possível sobre a **autoria** e facilitar o acesso às fontes;

Redação das bibliografias \ 101

– no caso de documentos eletrônicos, fazer descrições análogas às dos documentos impressos;

– os mesmos elementos essenciais são encontrados em todas as prescrições (autor, título, edição, data), com ordens de apresentação diferentes, mas há variantes quanto aos elementos facultativos (coleção, paginação), aos aspectos gráficos e ao sistema de pontuação.

A regra obrigatória a ser aplicada é utilizar um **sistema coerente para todas as referências** que aparecem na publicação e, quaisquer que sejam as formas escolhidas, respeitar uma homogeneidade total na redação de todas as referências.

Todos os elementos acrescentados pelo autor da referência devem estar claramente identificados, por isso, em geral, preconiza-se colocar esses elementos acrescentados entre colchetes.

Com a utilização do processador de texto para todo trabalho de escrita, parece mais judicioso, atualmente, não fazer três modelos de apresentação de referências, dependendo do lugar onde se encontram as referências (nota de rodapé, lista de referências no final do capítulo ou artigo, bibliografia no fim da obra), mas sim um único modelo no qual o primeiro elemento, o que serve para a classificação, pode variar. Esse elemento de classificação pode ser colocado ou no início da referência (e, depois, ser omitido ou repetido na referência) ou como ponto de acesso externo à referência (válido para todos os elementos de classificação, mesmo que não façam parte da referência; ex.: palavras-chave, data da primeira publicação, autor estudado, período…);

ex.: Bibliografia B (capítulo 5).

102 \ *Como redigir uma bibliografia*

4.2 Autor, lugar e quantidade

4.2.1 *Lugar do autor na referência*

A tradição universitária prescreve que o autor (ou autores) seja o primeiro elemento da referência e sirva para sua classificação.

Essa opção implicará algumas questões que deverão ser esclarecidas:

– como escrever o nome do autor, do primeiro autor, dos autores seguintes (prenome sobrenome ou sobrenome prenome)?

– quantos autores devem ser transcritos?

– em uma lista alfabética de nomes de autores, onde colocar os autores a partir do segundo?

– quando os autores não forem pessoas físicas, como escrever o nome deles?

– no caso de alguns documentos, a noção de autor (de responsabilidade) engloba várias funções importantes; o que incluir?

– o autor como primeiro elemento impõe uma classificação única em ordem alfabética por nome de autor?

– o que fazer quando não houver autor?

– a homogeneidade das referências é compatível com a variedade de documentos citados?

– um índice de autores pode satisfazer à necessidade de identificação dos autores?

Escolher o autor como primeiro elemento da referência não é a única possibilidade; algumas práticas são diferentes. Essa opção tradicional e universitária tem vantagens e desvantagens. Ela não é obrigatória e depende, sobretudo, da utilização prevista de seu (nosso) trabalho[2].

....

2. A norma diz claramente que o autor como primeiro elemento só é útil para uma classificação por autor:

Redação das bibliografias \ 103

Seja qual for o lugar do elemento autor, é um elemento essencial da referência, e deve ser identificado e transcrito com cuidado.

Mais adiante, os exemplos estão redigidos de duas formas diferentes, ora com o autor ora com o título como elemento principal.

4.2.2 Quantidade de nomes de autor

Quando um artigo (documento) é escrito por vários autores, qual é a função do autor que está colocado em primeiro lugar? É o primeiro em ordem alfabética por sobrenome, o responsável pela equipe, o que fez o essencial do trabalho de pesquisa, o que redigiu, esmerilou o documento final, o jovem da equipe, que precisa ser "lançado"?

Qual é a ordem que prevalece para a classificação dos outros autores (ordem alfabética por sobrenome, ordem de hierarquia na equipe etc.)?

Quantos autores devem ser citados na referência?

Diz a norma que, quando há mais de três autores, pode-se colocar apenas um ou os três primeiros; o *software* bibliográfico EndNote preconiza colocar todos os autores. Como em geral não se conhecem as regras editoriais das revistas nem as práticas das equipes de trabalho, parece mais justo citar todos os autores.

Se a bibliografia for classificada em ordem alfabética por nome de autor, os autores depois do primeiro serão

....

"8.4 Lugar da menção de responsabilidade principal: quando a apresentação das referências bibliográficas for tal que a menção de responsabilidade principal não for necessária para a ordem alfabética, ou seja, nas listas classificadas sistematicamente, a menção de responsabilidade principal poderá ser feita após o título" (Z 44-005, p. 11).

104 \ *Como redigir uma bibliografia*

citados ou após o título ou um em seguida ao outro no início da referência. Quando um documento for escrito por vários autores, sua referência completa só será escrita uma única vez, no nome do primeiro autor. Os outros autores serão citados em sua posição na ordem alfabética, sem repetir o conteúdo da referência, mas seguidos pelo nome do primeiro autor (ver Bibliografia C, capítulo 4)*.

4.3 Pontuação

Se você conhecer as regras de pontuação definidas nas normas de descrição bibliográfica, poderá empregá-las em suas referências. A aplicação de algumas dessas regras pode ser encontrada nos exemplos apresentados nas normas de referências bibliográficas e naquelas empregadas por várias editoras.

Por exemplo, separar as diferentes partes da referência por um ponto, um espaço e um travessão (. –); apresentar a menção de responsabilidade em seguida ao título depois de uma barra oblíqua (/); separar o local da sede social da editora de seu nome por dois pontos (ex.: "Paris: Nathan"); colocar o nome da coleção entre parênteses, ex.: "(Col. 128)"; ver Bibliografia A, capítulo 4.

Também é possível utilizar uma pontuação simples ("." e ","), como nas Bibliografias B e C, apresentadas no capítulo 4, e nos exemplos do capítulo 2**.

....

*Ver a norma estabelecida pela ABNT em 2.1, Transcrição (p. 19). [N. da R.T.]

** O uso da pontuação nos exemplos citados nem sempre corresponde à norma brasileira. Usamos o ponto depois de cada um dos seguintes elementos: nome do autor, título da obra, número da edição, conclusão das notas tipográficas, das notas bibliográficas e das notas especiais. Empregamos a vírgula entre o sobrenome e o prenome do

4.4 Aspectos gráficos

Tudo é possível. Graças aos recursos dos processadores de texto, você pode destacar determinados elementos das referências de sua bibliografia (sempre os mesmos, claro) para distinguir um elemento do outro ou aqueles utilizados para a classificação;

> *ex.*: título da unidade documental em negrito ou itálico, nome do autor em itálico, título do periódico em itálico ou sublinhado, data de edição ou de produção em negrito (ver capítulo 4).

A meu ver, o uso de aspas deve ser reservado às citações de excertos no corpo do texto.

Se você quer facilitar a legibilidade da bibliografia, não destaque elementos demais*.

5. CLASSIFICAÇÃO DAS REFERÊNCIAS ENTRE SI, CLASSIFICAÇÃO DAS BIBLIOGRAFIAS

É importante que a lista de referências ou a bibliografia seja classificada "de maneira que a bibliografia

....

autor, entre elementos como local e editora, em referência a obras já citadas (tais como op. cit., Idem, ibidem). O ponto-e-vírgula é usado para separar os nomes dos autores de obra coletiva de dois ou três autores e, também, para separar o título do subtítulo da obra. Usamos os parênteses para indicar as notas especiais de séries ou coleções: (Poetas do Brasil). Os colchetes são usados em todas as indicações que, não constando na obra referenciada, puderam ser referenciadas. [N. da R.T.]

* No Brasil, usa-se o itálico nos títulos das publicações avulsas ou periódicas. [N. da R.T.]

ofereça interesse em si e possa ser consultada não apenas em função do texto, mas como tal" (*Le tapuscrit*, p. 41[3]).

É preferível escolher o tipo de classificação levando em conta tanto o trabalho quanto os usuários.

Diferentes classificações são possíveis: ordem alfabética por nome de autor, ordem alfabética pela primeira palavra do título (desconsiderando o artigo definido), ordem cronológica (direta ou inversa), temática (ordem alfabética das palavras-chave ou plano de classificação com subclassificação alfabética por nome de autor em cada classe).

Omito propositalmente a classificação por categorias de documento (monografias, artigos etc.), nem sempre significativa e cada vez mais difícil de aplicar, pois os documentos podem ser publicados em vários suportes (um artigo de revista pode ser colocado à disposição como pré-publicação ou preprint em um *site* pessoal ou institucional na *web*, comunicações de jornadas de estudos ou congressos são publicadas como artigos ou separatas, números de revistas são freqüentemente editados e vendidos como monografias). Se a referência estiver bem redigida, a categoria de documento ficará clara com a leitura.

5.1 Classificação por ordem de citação no texto

A classificação mais simples para o autor de uma lista de referências é a classificação por **ordem de citação** no texto. Essa classificação permite apenas uma utilização: uma leitura combinada dessa lista com o texto. Pode ser escolhida para uma lista de referências, mas é incompatível com uma bibliografia.

....

3. Ver cap. 4, Bibliografia A, n.º 5.

5.2 Classificação em ordem alfabética por nome de autor

A classificação em **ordem alfabética por nome de autor** (hoje em dia, na maioria das vezes utilizada nas bibliografias feitas por estudantes e pesquisadores, e nas de obras técnicas) permite uma leitura significativa da bibliografia por especialistas da área, que nela podem se situar com facilidade.

Em uma bibliografia classificada alfabeticamente por nome de autor há várias subclassificações possíveis:

– textos escritos exclusivamente pelo autor, seguidos por textos escritos com outros autores;

– para o mesmo conjunto, classificação em ordem alfabética por título;

– classificação por data da primeira edição ou da primeira publicação.

A classificação **autor/data** é interessante em algumas disciplinas nas quais os autores são conhecidos e escreveram durante um período longo: o nome e a data de publicação (da primeira publicação, de preferência à data de edição) permitem compreender a evolução de uma temática.

No desenvolvimento do texto, a nota remissiva é, pois, portadora de sentido. Esse método (às vezes chamado de sistema Harvard) é utilizado com freqüência por pesquisadores de ciências exatas, e a lista de referências resultante é obrigatoriamente classificada por nome de autor. Uma bibliografia autor/data é pouco utilizada de maneira autônoma.

5.3 Classificação por temas

Em uma bibliografia organizada **por temas**, as referências são classificadas no interior de cada tema (rubrica). Em cada rubrica, as referências são classificadas ou em ordem alfabética pelo primeiro elemento (autor ou primeira palavra do título) ou em ordem cronológica por data de publicação, eventualmente data da primeira publicação, classificação cronológica direta ou inversa (antes a data mais recente).

Em um plano de classificação temática, pode haver algumas rubricas formais, como uma rubrica "fontes", uma "textos oficiais" ou "textos jurídicos".

A classificação temática permite uma leitura autônoma da bibliografia.

Ao terminar a bibliografia, as referências, cada uma em seu devido lugar, devem ser numeradas em seqüência; esse número servirá como chamada para as citações no texto e para os índices.

As apresentações das listas de referências e o tipo de chamada para referências no texto estão ligadas. De qualquer forma, seja qual for o tipo de chamada para as referências (numérico, nome do autor, autor/data), é esse elemento que deve aparecer como ponto de acesso para as referências na bibliografia, mas ele não implica uma classificação obrigatória. Assim, uma chamada numérica remete à uma bibliografia cujas referências começam com números classificados em seqüência, mas essa numeração pode ser feita *a posteriori* (é o caso da Bibliografia A, cap. 4), ou esses números podem corresponder à ordem de citação no texto (ver lista de referências do cap. 5).

Quando um **documento é citado várias vezes**, é possível utilizar uma abreviação para designá-lo, abreviação que deve ser explicitada na primeira citação[4].

6. FORMAS DE CITAÇÃO

6.1 Definições

"Citação é uma [breve] reprodução de trecho publicado, que respeita o direito moral do autor ao indicar seu nome e o da fonte."[5]

Mas citação também é "uma forma de referência breve colocada entre parênteses no interior do texto"[6].

No segundo sentido, as citações são utilizadas com uma lista de referências ou com uma bibliografia situada no fim do documento ou de cada capítulo. Elas servem para estabelecer uma correspondência exata entre o texto e os documentos que ajudaram na redação desse texto.

Se não houver lista de referências bibliográficas, a citação deverá conter todos os elementos da referência do documento citado ou remeter a uma nota de rodapé com

....

4. A utilização de termos como "*ibid.*" ("no mesmo lugar"), "*op. cit.*" ("na obra citada") e "*id.*", muito ligada à uma reprodução impressa em páginas, agora é consideravelmente desaconselhada, em favor da repetição da referência ou de sua citação.

5. Regulamento de edição feito pelo GESTE (Groupement des éditeurs de service en ligne [Associação dos editores de serviço *on-line*]) e pela ADBS, *Actualités du droit de l'information*, abril de 2001, n° 13, p. 4.

6. "A citação permite identificar a publicação de onde o trecho, ou a idéia parafraseada etc., foi retirado e indicar a localização precisa desse trecho ou dessa idéia na fonte" (Z 44-005, p. 12) (ISO 690-2, p. 17).

110 \ *Como redigir uma bibliografia*

essa referência (ex.: no cap. 1, a citação do *Petit Robert*, nota 1, p. 13, e, no cap. 2, a da obra sobre patentes *La propriété industrielle*, nota 2, p. 56).

Seja qual for a organização de suas referências entre si (bibliografia, lista de referências no fim do documento ou dos capítulos, ou notas de rodapé), você precisará fazer remissões exatas de seu texto aos documentos utilizados e que lhe serviram de inspiração, seja por ter reproduzido alguns trechos desses documentos, seja por querer indicar a fonte de seu raciocínio, de seu desenvolvimento, de seu exemplo, a origem de uma polêmica etc. Você deverá, então, escolher um método de **remissão às referências** (denominada, de agora em diante, "**citação**").

Apenas os repertórios bibliográficos, bibliografias independentes não acompanhadas de texto, não comportam citações, mas somente remissões entre referências (por exemplo, referências aos mesmos documentos, situadas em várias partes) no interior da bibliografia.

6.2 Regras gerais

A citação (nota remissiva) sempre contém um elemento que corresponde ao ponto de entrada da referência (número, nome do autor) na lista de referências ou bibliografia (seja qual for a organização das referências entre si), complementado, se necessário, pela localização exata do trecho (número da página etc.).

Esse elemento é colocado no local apropriado do texto corrente, seja como chamada de nota, seja entre parênteses, seja entre colchetes.

Para facilitar a leitura de um documento em paralelo com a identificação das fontes, você pode escolher um duplo sistema de citação. No texto, uma chamada de nota pode remeter a uma nota de rodapé que apresenta uma referência eventualmente resumida, seguida por um número ou por outra chamada que permita encontrar a mesma referência em uma bibliografia localizada fora do texto (ver nota 1 deste capítulo, p. 92). A repetição da referência em nota de rodapé em uma bibliografia temática atende a duas aplicações: saber, durante a leitura, em qual documento ou parte de documento se apóia o texto e utilizar a bibliografia para conhecer e pesquisar os documentos sobre o assunto.

Nos documentos eletrônicos, as citações, além dos elementos de referência, apresentam hiperlinks para os documentos citados.

Há três formas principais de citação: citação numérica, citação por nome de autor, citação autor/data.

6.3 Métodos de citação

6.3.1 Método de citação numérico

(Não pressupõe a classificação da bibliografia, prevê apenas a numeração seqüencial das referências.)

A citação numérica é constituída de um número em algarismos arábicos; ele é atribuído:

– ou a uma nota de rodapé;

– ou a uma referência em uma lista numerada;

– ou a uma referência em uma bibliografia classificada.

• *Notas de rodapé*

Números que aparecem ao longo do texto remetem a notas apresentadas numericamente de acordo com a ordem de aparição no texto. Um número de nota é utilizado para cada citação ou para cada grupo de citações (uma nota pode citar vários documentos).

112 \ *Como redigir uma bibliografia*

A nota de rodapé pode conter uma ou mais referências bibliográficas ou informações que complementam o texto. Citações posteriores de um documento citado várias vezes recebem números diferentes.

• *Lista de referências numeradas*

O número corresponde ao de uma referência em uma lista de referências bibliográficas.

Se a citação remeter ao documento tal como descrito pela referência, apenas o número constará no texto; se a citação remeter a uma passagem específica do documento descrito pela referência, o número será seguido por uma vírgula e precisões próprias à citação. Se um documento for citado várias vezes no texto, sua citação terá sempre o mesmo número.

Quando se utilizarem citações numéricas correspondentes à ordem de aparição no texto, elas estarão em ordem crescente ao longo do texto, exceto se a referência de uma fonte for citada mais de uma vez; nesse caso, o mesmo número é repetido (se necessário, com uma indicação de localização diferente).

Citação no texto[7]

"… En cela et à d'autres égards, le cas de Tycho n'est pas entièrement celui d'un scientifique qui apercevait des choses neuves et différentes alors qu'il regardait avec des instruments pourtant familiers dans des endroits qu'il avait pourtant déjà examinés" [54, p. 157].

······

7. Exemplos de citações extraídos de: Eisenstein, Elizabeth, *La révolution de l'imprimé dans l'Europe des premiers temps modernes*, trad. fr. de Maud Sissung e Marc Duchamp, Paris, La Découverte, 1991, 354 págs., ISBN 2-7071-2029-4.

Redação das bibliografias \ 113

"… ce n'était que par une suite régulièrement poursuivie d'observations qu'il serait possible de mieux comprendre les mouvements des planètes" [115, p. 18-19].

Entradas correspondentes na lista de referências
[54] Kuhn Thomas, *La structure des évolutions scientifiques*. Paris, 1983
…
[115] Dreyer J. L. E., *Tycho Brahe*, Edimburgo, 1890

6.3.2 Método baseado na classificação das referências por nome de autor

A citação é constituída de um **nome e, eventualmente, de uma página (ou outro tipo de localização)**, que correspondem ao nome do autor e à localização exata no documento citado. Ela remete a uma lista de referências classificada em ordem alfabética por autor.

Se houver várias publicações do mesmo autor, a distinção poderá ser feita com uma letra minúscula (a, b, c…).

Citação no texto
"En cela et à d'autres égards, le cas de Tycho n'est pas entièrement celui d'un scientifique qui apercevait des choses neuves et différentes alors qu'il regardait avec des instruments pourtant familiers dans des endroits qu'il avait pourtant déjà examinés" (Kuhn b, p. 157).

Entradas correspondentes na lista de referências
Kuhn Thomas, a. *La révolution copernicienne*. Paris, 1973
b. *La structure des évolutions scientifiques*. Paris, 1983

6.3.3 Método baseado na classificação das referências por nome de autor e data de publicação

A citação é constituída de um **nome** e de um **ano**, correspondentes ao nome do autor e ao ano de publica-

114 \ *Como redigir uma bibliografia*

ção. Ela remete a uma lista de referências classificada em ordem alfabética por nome de autor.

O primeiro elemento (o nome do autor) e o ano de publicação são transcritos entre parênteses no texto. Se o primeiro elemento for dado no encadeamento do texto, apenas a data virá entre parênteses. Se necessário, é possível acrescentar números de página (ou outra localização exata). Se dois ou mais documentos tiverem o mesmo autor e o mesmo ano de publicação, serão distinguidos acrescentando-se, depois do ano, uma letra distintiva.

Citação no texto[8]

"Weiss (1973) considère comme un caractère fondamental d'un curriculum"

"Kant (1803) a exprimé aussi une position individualiste très nette"

"C'est ainsi ... qu'il a été proposé comme instrument de travail par l'Unesco à quarante délégués [D'Hainaut (1979 b), p. 47]"

Entradas correspondentes na lista de referências

D'Hainaut L. (1979 a), *Programmes d'études et éducation permanents*. Paris: Presses de l'Unesco.

D'Hainaut L. (1979 b), *Élaboration et réforme des programmes scolaires ...* Paris: Unesco.

...

D'Hainaut L. (1982), *Analyse et régulation des systèmes éducatifs*. Bruxelas / Labor, Paris: Nathan.

...

Kant E. (1803), *Uber Pädagogik*, Ring Verlag, trad. fr. de J. Barni, Paris, Alcan (1901)

....

8. Exemplos de citação extraídos de: D'Hainaut, Louis, *Des fins aux objectifs*, 4ª ed., Paris, Nathan; Bruxelas, Labor, 1985, 491 págs., ISBN 2-8040-0107-5.

...

Weiss J (1973), *Note relative à l'élaboration d'un plan d'études*. Neuchâtel: Institut Romand de Recherches et de Documentation Pédagogiques. Document IRDP/R73.02

É importante escolher a data que será transcrita depois do nome: é mais interessante indicar a data de primeira publicação em vez da data de edição do documento utilizado; a data de edição será incluída na referência (ver, acima, a referência "Kant").

6.3.4 Outros métodos

De acordo com o trabalho, as citações podem ter forma diferente das apresentadas acima.

Por exemplo, as normas podem ser citadas pelo número (Z 44 005); os periódicos, por um título resumido ou abreviado (*Doc-SI* para *Documentaliste - Sciences de l'information*); uma obra, por seu título resumido (*Petit Robert*). Essas citações, na maioria das vezes explícitas, ou não estão servindo de chamada para referências (*Petit Robert*) ou correspondem a citações posteriores, em nota de rodapé, de um documento já citado. Nesse caso, a forma abreviada é apresentada na primeira citação, em seguida à referência (ver cap. 1, nota 1).

6.4 Anexos

As fontes citadas em anexos são tratadas de maneira independente das citadas no corpo do texto e são apresentadas em separado no final de cada anexo. A forma da citação e o método de classificação para as listas e notas de rodapé são os mesmos utilizados no corpo do documento.

116 \ *Como redigir uma bibliografia*

No entanto, quando as citações forem numéricas, os números e os números correspondentes na lista de referências deverão ser precedidos pela letra que identifica o anexo.

Se um trabalho citado no anexo também for citado no corpo do documento, aparecerá nas duas listas de referências. Às vezes, pode-se indicar que se trata da mesma referência.

7. ÍNDICE DE UMA BIBLIOGRAFIA

Qualquer que seja a classificação escolhida, toda bibliografia pode ser complementada com índices que possibilitam aos leitores encontrar as referências utilizando critérios diferentes dos escolhidos para a classificação da bibliografia. Para formular índices, é necessário que você tenha numerado todas as referências citadas na bibliografia e que as entradas de índice sejam seguidas pelos números das referências correspondentes (ver capítulo 4, Bibliografia A).

Dessa forma, uma bibliografia cujas referências estejam classificadas por nome de autor pode fornecer um índice de palavras-chave que possibilite encontrar uma referência por seu assunto. Uma bibliografia classificada por temas pode ter um índice de autores. Um índice muito interessante é o índice de títulos de revistas: todos os títulos de revistas são listados, classificados em ordem alfabética pela primeira palavra do título (não é obrigatório, porém é mais prático) e seguidos pelo(s) número(s) das referências de artigos extraídos desses periódicos. Esse índice permite perceber de imediato a importância de certos periódicos para o assunto em questão (aqueles mais citados) e identificar os diferentes tipos: imprensa, revistas científicas, revistas de difusão, revistas de língua inglesa. Esse é um dos princípios utilizados pela bibliometria para conhecer, por exemplo, as revistas mais representativas em determinada área de conhecimento.

Outros índices também são úteis: índice cronológico, índice completo de autores (que permite listar todos os autores de cada documento; ver capítulo 4, Bibliografia A), índice por país ou língua etc.

8. APRESENTAÇÃO GERAL DE UMA BIBLIOGRAFIA

Uma bibliografia deve ter um título preciso quanto à sua forma (bibliografia seletiva, referências, fontes consultadas etc.). A apresentação é escolhida de acordo com os prováveis leitores, e é indispensável algum tipo de classificação.

Qualquer que seja sua escolha, você deverá especificar, no início do trabalho, no início da bibliografia ou em uma parte do tipo "nota explicativa", como a bibliografia foi elaborada e organizada (qual classificação e qual subclassificação foram escolhidas), qual é a forma das citações, a correspondência com as remissões, os elementos da referência e, se houver, os tipos de índice ou de anexos.

O leitor não é obrigado a adivinhar como você organizou a bibliografia ou a lista de referências. Uma nota no início deve explicitar a origem das fontes, a seleção realizada e a classificação das referências.

Se se tratar de uma bibliografia, o período abrangido e a data do fim da pesquisa são indispensáveis;

118 \ *Como redigir uma bibliografia*

ex.: na introdução de uma bibliografia intitulada "Le PACS un an après" [O PACS um ano depois], publicada pelos serviços de documentação da Fondation nationale des sciences politiques em janeiro de 2001, "Esta bibliografia foi realizada a partir de uma seleção de trabalhos, artigos de periódicos e reportagens levantados no catálogo da biblioteca de ciências políticas. A eles foram acrescentados alguns *sites* da *web* sobre o tema".

Em suma, inúmeras possibilidades estão à sua disposição para a elaboração de bibliografias. O capítulo seguinte traz alguns exemplos.

4. Bibliografias

Para ilustrar os capítulos anteriores, a bibliografia desta obra é apresentada de três formas diferentes, cada uma representando uma possibilidade de classificação e elaboração das referências. Em seguida, para ilustrar uma quarta possibilidade, é reproduzido um trecho do catálogo da coleção Découvertes, da editora Gallimard.

• Bibliografia estabelecida para esta obra

Os documentos, em francês e inglês, aqui reunidos, foram encontrados depois de uma pesquisa documental referente ao tema da obra (redação de bibliografias, regras de elaboração de trabalhos técnico-científicos e universitários) e depois da identificação, não-exaustiva, de diferentes "guias" propostos por editoras, associações científicas, universidades e bibliotecas universitárias. Em seguida foi feita uma seleção dos documentos que continham elementos significativos e diferenciados.

Todas as referências foram redigidas a partir dos próprios documentos. Para alguns documentos gerais (impressos ou *on-line*), estão indicados os capítulos que se referem diretamente ao assunto. Algumas referências são complementadas por um breve comentário.

120 \ *Como redigir uma bibliografia*

A bibliografia que reúne os diferentes documentos utilizados para escrever este livro pode ser explorada independentemente do texto. Ela é apresentada de três formas diferentes.

A. Bibliografia sistemática

B. Bibliografia sistemática e cronológica

C. Bibliografia alfabética por nome de autor

• **Primeira apresentação: A. Bibliografia sistemática**

As referências estão distribuídas de acordo com as diferentes subdivisões de um plano de classificação elaborado especialmente para esta bibliografia. Em cada parte, as referências estão classificadas em ordem alfabética pela primeira palavra do título. As referências começam pelo título do documento; elas estão redigidas segundo a norma ISO e a pontuação prescrita nos ISDB ("–" entre os elementos, "/" antes de uma responsabilidade principal, ";" antes de uma responsabilidade secundária, ":" entre a cidade e a editora, parênteses para indicar o nome da coleção, ":" entre os subelementos da nota de tese etc.). Os títulos das unidades documentais estão impressos em negrito, e os dos periódicos estão em itálico.

As menções de autor estão transcritas da forma como se apresentam no documento: prenome seguido pelo sobrenome.

Quando um mesmo documento pode ser indicado em várias partes do plano de classificação, ele é referenciado uma vez, e, depois, na seqüência da bibliografia, é feita uma remissão ao número de sua primeira citação.

Um índice de autores permite localizar a referência de um documento pelo nome de seu(s) autor(es).

• Segunda apresentação: B. Bibliografia sistemática e cronológica

As referências estão classificadas segundo as diferentes partes do mesmo plano de classificação utilizado na primeira apresentação. Em cada parte, as referências estão, em seguida, subclassificadas segundo a ordem cronológica inversa de publicação (a referência mais recente vem primeiro). O ano é apresentado como elemento de entrada, depois as referências aparecem em ordem alfabética por nome de autor, no mesmo ano. Se necessário (quando houver vários documentos do mesmo autor publicados no mesmo ano), a primeira palavra do título servirá de subclassificação.

As referências estão redigidas com pontuação simples (ponto entre os elementos, vírgula no interior dos elementos), o elemento de entrada (a data) e o sobrenome do autor (ou do primeiro autor) estão impressos em negrito, e o título da unidade documental está em itálico.

Seria possível, como na primeira apresentação, fazer um índice de autores depois de numerar as referências na ordem em que aparecem na bibliografia.

• Terceira apresentação: C. Bibliografia alfabética por nome de autor

As referências estão classificadas alfabeticamente ou por nome de autor (sobrenome do primeiro autor), ou pela primeira palavra do título, no caso de documentos sem menção de autor. Os outros autores (co-autores e autores secundários) são citados na ordem alfabética, com remissão à primeira citação do documento. As publicações de um mesmo autor são apresentadas em duas "fases": antes os documentos redigidos apenas por ele, classificados pela primeira palavra do título; depois, documentos escritos com outros autores.

As referências estão redigidas com pontuação simples (ponto entre os elementos, vírgula no interior dos elementos), o sobrenome do autor (ou do primeiro autor) está impresso em negrito, o título da unidade documental está em itálico, e os títulos de periódicos estão sublinhados.

Seria possível, como na primeira apresentação, fazer um índice depois de numerar as referências por ordem de aparição na bibliografia (índice de assuntos, de datas de publicação etc.).

Existem outras formas de apresentação: por temas (ver Bibliografia D), por ordem alfabética de palavras-chave, por ordem cronológica direta ou inversa sem subclassificação.

A. BIBLIOGRAFIA SISTEMÁTICA

Classificação sistemática, subclassificação em ordem alfabética pela primeira palavra do título.

Plano de classificação
1 – Para a redação de bibliografias
1.1 – Manuais para textos técnico-científicos e universitários
1.2 – Alguns guias para a redação de referências e de bibliografias
Guias impressos
1.2.1 – Guias *on-line* em francês
1.2.2 – Guias *on-line* em inglês
1.3 – Normas

2 – Normalização em informação-documentação
3 – Glossários
4 – Algumas obras sobre busca de informações
5 – Algumas obras gerais da área da informação-documentação
Índice de autores

1 – Para a redação de bibliografias

1.1 – Manuais para textos técnico-científicos e universitários

1. A manual for writers of term papers, theses and dissertation / Kate Larimore Turabian.* – 6th ed. rev. / by John Grossman and Alice Benett. – Chicago: University of Chicago Press, 1996. – IX-308 p. – (Chicago guides to writing, editing and publishing). – Section on documentation, p. 8-12
Um dos manuais de referência nos países de língua inglesa

2. L'art de la thèse / Michel Beaud.** – Nlle éd. mise à jour. – Paris: La découverte, 1994. – (Guides Repères). – 30, Bibliographie et sources, p. 104-108. – ISBN 2-7071-2321-8
Um clássico francês

3. Guide de présentation de mémoires et thèses universitaires / Nicole Robine; préf. de Jean Meyriat. – 2e éd. mise à jour. – Talence: Laboratoire associé des sciences de l'information et de la communication, Maison des sciences de l'homme d'Aquitaine, 1982. – 34 p. – (Documents et prépublications du Laboratoire associé des sciences de l'information et de la com-

....

* Ed. bras.: *Manual para redação: monografias, teses e dissertações*, trad. Vera Renoldi, São Paulo, Martins Fontes, 2000. [N. da T.]
** Ed. bras.: *Arte da tese: como preparar e redigir uma tese de mestrado, uma monografia ou qualquer outro trabalho universitário*, trad. Glória de Carvalho Lins, 4ª ed., Rio de Janeiro, Bertrand Brasil, 2002. [N. da T.]

124 \ *Como redigir uma bibliografia*

munication / Université de Bordeaux III, ISSN 0395-3157; 7)
Les notes et références, p. 16-25

Manual antigo mas muito bem feito

4. Lexique des règles typographiques en usage à l'Impri-merie nationale. – Paris: Imprimerie nationale, 1997. – Bibliographie, p. 31-36. – ISBN 2-11-081075

5. Le tapuscrit: recommandations pour la présentation et la dactylographie des travaux scientifiques (Sciences humaines) / réunies par M.-L. Dufour. – Paris: École pratique des hautes études (VIᵉ section), 1971. – 101 p.

Um clássico, antigo, mas traz algumas reflexões interessantes

1.2 – Alguns guias para a redação de referências bibliográficas e bibliografias

6. Guide des références bibliographiques / Dominique Chassé et Greg Whitney; avec la collab. d'André Maltais. – Montréal: Éd. de l'École polytechnique de Montréal, 1997. – XIV-178 p. – ISBN 2-553-00628-4

1.2.1 – Guias *on-line* em francês

7. CERISE (Conseils aux étudiants pour une recherche d'information spécialisée efficace) [*on-line*] / Urfist Paris. – Paris: Urfist, 1999, mise à jour 25-01-2001 [acesso em: 3 out. 2001]. – Disponível em: <web.ccr.jussieu.fr/urfist/cerise>

Citer un document. – Mise à jour 18-07-2001 [acesso em: 3 out. 2001]. – Disponível em: <web.ccr.jussieu.fr/urfist/cerise/p85.htm>

Présentation d'une bibliographie. – Mise à jour 11-12-2000 [acesso em: 3 out. 2001]. – Disponível em: <web.ccr.jussieu.fr/urfist/cerise/p86.htm>

8. Comment citer un document électronique? / Rosaire Caron. In *Site* da Bibliothèque de l'Université de Laval [*on-line*]. – Laval (Québec), 1996-03-08, modifié le 27 août 2001

Bibliografias \ 125

[acesso em: 28 fev. 2002]. Disponível em: <www.bibli.ula-val.ca/doelec/doelec29.html>
Bem completo, abrange diferentes categorias de documentos eletrônicos

9. Références bibliographiques, rédaction et lecture / B. Prudhomme, J.-M. Burlat, Nicole Bion, et al. – 5e éd. – In INSA-Lyon: Doc'INSA [*on-line*]. – Villeurbanne (Fr): Institut national de sciences appliquées, 15 septembre 1998 [acesso em: 27 set. 2001]. – Disponível em: <csidoc.insa-lyon.fr/docs/refbibli.html>

1.2.2 – Guias *on-line* em inglês

10. Basic CGOS (Columbia Guide to Online Style) style. – In Columbia University Press [*on-line*], March 20, 2000 [acesso em: 7 mar. 2002]. – Disponível em: <www.columbia.edu/cu/cup/cgos/>
Trechos da edição impressa

11. Bibliographic Formats for Citing Electronic Information [*on-line*] / Nancy Crane. – University of Vermont, October 29, 1997 [acesso em: 29 ago. 2001]. – Disponível em: <www.uvm.edu/~ncrane/estyles/>
Parte eletrônica de um guia americano clássico (indisponível *on-line* em março de 2001)

12. Citation Style Guides for Internet and Electronic Sources / Josie Tong. – In University of Alberta libraries [*on-line*]. – August 1, 2001 [acesso em: 30 set. 2001]. – Disponível em: <www.library.ualberta.ca/guides/citation/index.cfm/>

13. Citing Electronic Information in History Papers [*on-line*] / Maurice Crouse. – [7^a ed.]. – 25 October 2001 [acesso em: 10 mar. 2002]. – Disponível em: <www.people.memphis.edu/~mcrouse/elcite.html>
Com um histórico e com uma comparação entre diferentes "estilos" propostos nos países de língua inglesa

14. Electronic References [*on-line*] / American Psychological Association (APA). – In APAStyle.org [acesso em: 4 out. 2001]. – Disponível em: <www.apastyle.org/elecgeneral.html>

126 \ *Como redigir uma bibliografia*

Trechos da 5.ª ed. impressa de: "APA's complete style guide for citing electronic resources"

15. Library & Information Science: Citation Guides for Electronic Documents. – In IFLANET Electronic Collections [*on-line*]. – International Federation of Library Associations and Institutions, 1995, latest revision 2000-03-13 [acesso em: 29 set. 2001]. – Disponível em: <www.ifla.org/I/training/citation/citing.htm>
Lista bem abrangente de guias disponíveis, *on-line* e impressos.

16. MLA Style Manual and Guide to Scholarly Publishing: Documenting Sources from the World Wide Web [*on-line*] / Modern Language Association (MLA). – The Modern Language Association of America, last update 1/11/2002 [acesso em: 10 mar. 2002]. – Disponível em: <www.mla.org/style/sources.htm>

17. Online! A reference guide to using internet sources [*online*] / Andrew Harnack, Eugene Kleppinger. – Bedford/St. Martin's, 2001 [acesso em: 10 de mar. 2002]. – Citation styles Disponível em: <www.bedfordstmartins.com/online/citex.html>
Apresentação, com exemplos, de quatro "estilos": MLA, APA, Chicago e CBE

18. Web Extension to American Psychological Association Style (WEAPAS) [*on-line*]: Proposed standard for referencing online documents in scientific publications / T. Lang. – Revision 1.5.2, 15 october 1998 [acesso em: 29 ago. 2000]. – Disponível em: <www.beadsland.com/weapas/>

1.3 – Normas

Referências bibliográficas e descrições bibliográficas

19. Excerpts from International Standard ISO 690-2 - Information and documentation - Bibliographic references - Electronic documents or parts thereof [*on-line*] / International Organization for Standardization (ISO). – ISO, 2001. Last update 2001-04-24 [acesso em: 6 set. 2001]. – Disponível em: <www.nlc-bnc.ca/iso/tc46sc9/standard/690-2e.htm>

20. FD Z 44-065. Septembre 1998. **Documentation. Cataloga-ge des vidéogrammes.** Rédaction de la description bibliographique. Annexe A, description bibliographique minimale des vidéogrammes. – In Formation des bibliothécaires et documentalistes. Normes pour l'épreuve de catalogage. T. 3: Images fixe et animée, sons. – 3ᵉ éd. – Paris: AFNOR, 1998. – P. 242-244

21. FD Z 44-066. Décembre 1988. **Documentation. Cataloga-ge des enregistrements sonores.** Rédaction de la notice phonographique. Annexe A, description phonographique minimale des enregistrements sonores. – In Formation des bibliothécaires et documentalistes. Normes pour l'épreuve de catalogage. T. 3: Images fixe et animée, sons. – 3ᵉ éd. – Paris: AFNOR, 1998. – P. 326-329.

22. FD Z 44-077. Septembre 1997. **Documentation. Cataloga-ge de l'image fixe.** Rédaction de la description bibliographique. Annexe B, description bibliographique allégée. – In Formation des bibliothécaires et documentalistes. Normes pour l'épreuve de catalogage. T. 3: Images fixe et animée, sons. – 3ᵉ éd. – Paris: AFNOR, 1998 – P. 100-103

23. Information and documentation - Bibliographic references - Part 2: Electronic documents or parts thereof. Additional examples [*on-line*] / International Organization for Standardization (ISO). – ISO, 2001. Last update 2001-08-20 [acesso em: 23 out. 2001]. – Disponível em: <www.nlc-bnc.ca/iso/tc46sc9/standard/690-2ex.htm>

24. NF Z 44-005. Décembre 1987, **ISO 690.** Août 1987. **Documentation. Références bibliographiques**: contenu, forme et structure. – In Formation des bibliothécaires et documentalistes. Normes pour l'épreuve de catalogage. T. 2: Références bibliographiques, parties composantes, cartes. – 3ᵉ éd. – Paris: AFNOR, 1998. – P. 1-13

25. NF ISO 690-2. Février 1998. **Information et documentation. Références bibliographiques. Documents électroniques, documents complets ou parties de documents**. – In

128 \ *Como redigir uma bibliografia*

Formation des bibliothécaires et documentalistes. Normes pour l'épreuve de catalogage. T. 2: Références bibliographiques, parties composantes, cartes. – 3ᵉ éd. – Paris: AFNOR, 1998. – P. 15-40

2 – A normalização em informação-documentação

26. Dossier: normalisation. – *Bulletin des bibliothèques de France*, 1993, t. 38, nº 5, p. 9-79

27. Histoire de la normalisation autour du livre et du document: l'exemple de la notice bibliographique et catalographique: de la Bibliographie générale et raisonnée de la France (1791) à la Description bibliographique internationale normalisée (1975) / Sylvie Fayet-Scribe, Cyril Canet. – *Solaris* [*on-line*], déc. 1999-janv. 2000 [acesso em: 25 set. 2001], dossier n. 6, 61 p. – Disponível em: <www.info.unicaen.fr/bnum/jelec/Solaris/d06/6fayet.html>. – ISSN 1265-4876

28. Normalisation documentaire: le défi de l'électronique / dossier coordonné par Catherine Mattenet. – *Documentaliste - Sciences de l'information*, 1999, vol. 36, nº 2, p. 117-128

29. Normes et documents numériques: quels changements? / sous la dir. de Ghislaine Chartron et Jean-Max Noyer. – *Solaris* [*on-line*], déc. 1999-janv. 2000 [acesso em: 25 set. 2001], dossier nº 6. – Disponível em: <www.info.unicaen.fr/bnum/jelec/Solaris/d06/>. – ISSN 1265-4876

3 – Glossários

30. Criter (Corpus du réseau interministériel de terminologie) / Délégation générale à la langue française [base de dados *on-line*]. – Paris: Ministère de la culture [acesso em: 3 out. 2001]. – Disponível em: <www.culture.gouv.fr/dglf/terminologie/base-donnees.html>

Contém todos os termos publicados no *Journal officiel* pela Commission générale de terminologie et de néologie

Bibliografias \ 129

31. Dictionnaire encyclopédique de l'information et de la documentation / Serge Cacaly, directeur du comité de rédaction;Yves F. Le Coadic, Michel Melot, Paul-Dominique Pomart, Éric Sutter, comité de rédaction. – Paris: Nathan, 1997. – 634 p. – (Collection "réf"). – ISBN 2-09-190528-3

32. Les 400 mots de la documentation et des technologies associées: lexique pratique et adresses utiles / Sophie Ranjard et Benoît Gruber; avec la participation de Françoise Reginster, Patricia Huvillier. – Paris (62 boulevard Exelmans, 75016): 2H Editor, 1996. – 91 p. – ISBN 2-912066-00-X

33. Vocabulaire de l'informatique: termes et définitions publiés au Journal officiel / Premier ministre, Commission générale de terminologie et de néologie. – Paris: Délégation générale à la langue française, 1998. – 15 p. – (Enrichessement de la langue française)
Também disponível no *site* da DGLF: <www.culture.fr/culture/dglf/cogeter/10-10-98-2.htm>

34. Vocabulaire de l'Internet: termes et définitions publiés au Journal officiel / Premier ministre, Commission générale de terminologie et de néologie. – Paris: Délégation générale à la langue française, 1999. – 25 p. – (Enrichessement de la langue française)
Também disponível no *site* da DGLF: <www.culture.fr/culture/dglf/cogeter/16-03-99-listes.html>

35. Vocabulaire de la documentation / Groupe vocabulaire, INTD-ER; coord. par Arlette Boulogne. – Paris: ADBS Éd., 2004. – 334 p. – (Coll. Sciences et techniques de l'information, ISSN 1762-8288). – ISBN 2-84365-071-2

4 – Algumas obras sobre busca de informações

CERISE (Conseils aux étudiants pour une recherche d'information spécialisée efficace) [*on-line*], ver referência n.º 7

36. La recherche d'information sur l'Internet: méthodes et outils / Jean-Pierre Lardy. – 7ᵉ éd. remaniée et mise à jour mai

130 \ *Como redigir uma bibliografia*

2001. – Paris: ADBS Éd., 2001. – 123 p. – (Coll. Sciences de l'information. série Recherches et documents, ISSN 1159-7666). – Também disponível no *site* da ADBS: <www.adbs.fr/adbs/sistespro/lardy>. – ISBN 2-84365-052-6

37. La recherche documentaire / Martine Darrobers, Nicole Le Pottier. – Paris: Nathan, 2000. – 159 p. – (Repères pratiques Nathan; 25). – ISBN 2-09-182481-X

38. Recherche et veille sur le Web visible et invisible: agents intelligents, annuaires sélectifs, interfaces des grands serveurs, portails thématiques / Béatrice Foenix-Riou. – Paris: Bases Publications: Éditions Tec & Doc, 2001. – 240 p. – ISBN 2-914509-01-4 (Bases Publications). – ISBN 2-7430-0450-9 (Tec & Doc)

39. SAPRISTI (Sentiers d'accès et pistes de recherche d'informations scientifiques et techniques sur internet): recherche d'informations scientifiques et techniques sur Internet / Jean-Michel Mermet. – In INSA-Lyon: Doc'INSA [*on-line*]. – Villeurbanne: Institut national de sciences appliquées, 09-03-1998, mise à jour 9-03-2001 [acesso em: 3 out. 2001]. – Disponível em: <csidoc.insa-lyon.fr/sapristi/digest.html/>

5 – Algumas obras gerais da área da informação-documentação

40. Le droit du traitement de l'information / Michel Bibent. – Paris: Nathan: ADBS, 2000. 128 p. – (Coll. 128. Série information-documentation; 217). – ISBN 2-09-191000-7

41. Histoire de l'information scientifique et technique / Martine Comberousse. – Paris: Nathan, 1999. – 127 p. – (Coll. 128; 231). – ISBN 2-09-191015-5

42. Histoire de la documentation en France: culture, science et technologie de l'information: 1895-1937 / Sylvie Fayet-Scribe. – Paris: CNRS Éd., 2000. – 313 p. – (CNRS Histoire, ISSN 1251-4357). – ISBN 2-271-07590-6

43. Introduction générale aux sciences et techniques de l'information et de la documentation / Claire Guinchat et Michel Menou.* – 2ᵉ éd. / rév. et augm. par Marie-France Blanquet. – Paris: Unesco, 1990. – 543 p. – ISBN 92-3-202540-X

44. La propriété industrielle: sources et ressources d'information / Bernard Marx. – Paris: Nathan: ADBS, 2000. – 128 p. – (Coll. 128. Série information-documentation; 252). – ISBN 2-09-190998-X

45. La science de l'information /Yves-François Le Coadic.** – 2ᵉ éd. corrigé. – Paris: Presses universitaires de France, 1997. – 127 p. – (Que sais-je?; 2873). – ISBN 2-13-046381-9

46. Traité de documentation: le livre sur le livre: théorie et pratique / Paul Otlet. – Réimpr. / préf. de Robert Estivals; avant-propos de André Canonne. – Liège: Centre de lecture publique de la communauté française en Belgique, 1989. – XVII-431-VIII p.
Fac-símile da ed. Bruxelles: Mundaneum, 1934. – ISBN 2-87130-015-1

47. Usages et usagers de l'information / Yves-François Le Coadic. – Paris: Nathan: ADBS, 1997. – 127 p. – (Coll. 128. Série information-documentation; 174). – ISBN 2-09-190366-3

Índice de autores

Neste índice são retomados todos os autores e organismos responsáveis pelas obras. Quando algum autor tiver participado da elaboração de um documento, mas não for o responsável principal, seu nome será seguido pela indicação de sua participação (pref., dir. etc.).

....

* Ed. bras.: *Introdução geral às ciências e técnicas da informação e documentação*, trad. MiriamVieira da Cunha, 2ª ed., Brasília, Ibict, 1994.

** Ed. bras.: *A ciência da informação*, trad. MariaYêda F. S. de Filgueiras Gomes, 2ª ed. rev. e atual., Brasília, Briquet de Lemos, 2004.

132 \ *Como redigir uma bibliografia*

No caso dos organismos, a entrada é feita por seu nome por extenso (e, na sigla, há remissão para essa entrada).

Os números remetem aos números que precedem as referências na bibliografia apresentada acima.

AFNOR, ver Association française de normalisation	
American Psychological Association, ed.	14, 18
APA, ver American Psychological Association	
Association française de normalisation, ed.	20, 21, 22, 24, 25
Beaud, Michel	2
Benett, Alice, colab.	1
Bibent, Michel	40
Bion, Nicole	2
Blanquet, Marie-France, colab.	42
Boulogne, Arlette, coord.	35
Burlat, J-M.	9
Cacaly, Serge, dir.	31
Canonne, André, pref.	46
Caron, Rosaire	8
Chartron, Ghislaine	29
Chassé, Dominique	6
Cercle d'étude et de recherche des amis de l'INTD (Institut national des techniques de la documentation), ed.	35
Comberousse, Martine	41
Commission de terminologie et de néologie	33, 34
Crane, Nancy	11
Darrobers, Martine	37
Délégation générale à la langue française, ed.	30
DGLF, ver Délégation générale à la langue française	
Estivals, Robert, pref.	46
Fayet-Scribe, Sylvie	27, 42

Foenix-Riou, Béatrice 38
Grossman, John, colab. 1
Gruber, Benoît 32
Guinchat, Claire 43
Harnack, Andrew 17
Huvillier, Patricia, colab. 32
IFLA, ver International Federation of Library
    Associations and Institutions
INSA, ver Institut national des sciences
    appliquées
Institut national des sciences appliquées, ed. 38
INTD-ER, ver Cercle d'étude et de recherche
    des amis de l'INTD (Institut national des
    techniques de la documentation)
International Federation of Library
    Associations and Institutions, ed. 15
International Organization for
    Standardization, ed. 19, 22, 25
ISO, ver International Organization for
    Standardization
Kleppinger, Eugene 17
Lang, T. 18
Lardy, Jean-Pierre 36
Le Coadic, Yves-François 31, 45, 47
Le Pottier, Nicole 37
Maltais, André, colab. 6
Marx, Bernard 44
Mattenet, Catherine, dir. 28
Melot, Michel, red. 31
Menou, Michel 43
Mermet, Jean-Michel 38
Meyriat, Jean, pref. 3
MLA, ver Modern Language Association
Modern Language Association, ed. 16
Noyer, Jean-Max 29

134 \ *Como redigir uma bibliografia*

Otlet, Paul	46
Pomart, Paul-Dominique, red.	31
Prudhomme, B.	9
Ranjard, Sophie	31
Reginster, Françoise, colab.	32
Robine, Nicole	3
Sutter, Éric, red.	31
Tong, Josie	12
Turabian, Kate Larimore	1
URFIST, Paris	7
Whitney, Greg	6

B. BIBLIOGRAFIA SISTEMÁTICA E CRONOLÓGICA

Classificação sistemática (mesmo plano de classificação da Bibliografia A), subclassificação em ordem cronológica inversa de publicação, depois em ordem alfabética por nome de autor.

1 – Para a redação de bibliografias

1.1 – Manuais para textos técnico-científicos e universitários

1997

Lexique des règles typographiques en usage à l'Imprimerie nationale. Paris, Imprimerie nationale, 1997. Bibliographie, p. 31-36. ISBN 2-11-081075

1996

Turabian Kate Larimore. *A manual for writers of term papers, theses and dissertation*. 6th ed. rev. by John Grossman and Alice Benett. Chicago University of Chicago Press, 1996. IX-308 p. Coll. Chicago guides to writing, editing and publishing. Section on documentation, p. 8-12

1994

Beaud Michel. *L'art de la thèse*. N^{lle} éd. mise à jour. Paris, La découverte, 1994. Coll. Guides Repères. 30, Bibliographie et sources, p. 104-108. ISBN 2-7071-2321-8

1982

Robine Nicole. *Guide de présentation de mémoires et thèses universitaires*, préf. de Jean Meyriat. 2e éd. mise à jour. Talence, Laboratoire associé des sciences de l'information et de la communication, Maison des sciences de l'homme d'Aquitaine, 1982. 34 p. Coll. Documents et prépublications du Laboratoire associé des sciences de l'information et de la communication, Université de Bordeaux III, ISSN 0395-3157, n.º 7. Les notes et références, p. 16-25

1971

Dufour M.-L. dir. *Le tapuscrit, recommandations pour la présentation et la dactylographie des travaux scientifiques (Sciences humaines)*. Paris, École pratique des hautes études (VIe section), 1971. 101 p.

Um clássico, antigo, mas traz algumas reflexões interessantes

1.2 – Guias para a redação de referências bibliográficas e bibliografias

1997

Chassé Dominique, Whitney Greg, *Guide des références bibliographiques*, avec la collab. d'André Maltais. Montréal, Éd. de l'École polytechnique de Montréal, 1997. XIV-178 p. ISBN 2-553-00628-4

1.2.1 – Guias *on-line* em francês

2001

Caron Rosaire. *Comment citer un document électronique?*. In *Site* da Bibliothèque de l'Université de Laval [*on-line*]. Laval (Québec), 1996-03-08, modifié le 27 août 2001 [acesso em: 28 fev.

136 \ *Como redigir uma bibliografia*

2002]. Disponível em: <www.bibl.ulaval.ca/doelec/doelec29. html>

O mais completo para informações eletrônicas .

URFIST, Paris. *CERISE (Conseils aux étudiants pour une recherche d'information spécialisée efficace)* [*on-line*]. Paris, Urfist, 1999, mise à jour 25-01-2001 [acesso em: 3 out. 2001]. Disponível em: <web.ccr.jussieu.fr/urfist/cerise/>

1998

Prudhomme B., Burlat J.-M., Bion Nicole, et al. *Références bibliographiques, rédaction et lecture*. 5e éd. In INSA-Lyon, Doc'INSA [*on-line*]. Villeurbanne (Fr.), Institut national de sciences appliquées, 15 septembre 1998 [acesso em: 27 set. 2001]. Disponível em: <csidoc.insa-lyon.fr/docs/refbibli.html>

1.2.2 – Guias *on-line* em inglês

2001

American Psychological Association (APA). *Electronic References* [*on-line*]. In APAStyle.org [acesso em: 4 out. 2001]. Disponível em: <www.apastyle.org/elecgeneral.html>

Trechos da 5.ª ed. impressa de: "APA's complete style guide for citing electronic resources"

Crouse Maurice. *Citing Electronic Information in History Papers* [*on-line*]. [7.ª ed.]. 25 October 2001 [acesso em: 10 mar. 2002]. Disponível em: <www.people.memphis.edu/~mcrouse/elcite. html>

Com um histórico e com uma comparação entre diferentes "estilos" propostos nos países de língua inglesa

Harnack Andrew, Kleppinger Eugene. *Online! A reference guide to using internet sources* [*on-line*]. Bedford/St. Martin's, 2001 [acesso em: 10 mar. 2002]. Citation styles. Disponível em: <www.bedfordstmartins.com/online/citex.html>

Apresentação, com exemplos, de quatro "estilos": MLA, APA, Chicago e CBE

Bibliografias \ 137

Tong Josie. *Citation Style Guides for Internet and Electronic Sources.* In University of Alberta libraries [*on-line*]. August 1, 2001 [acesso em: 30 set. 2001]. Disponível em: <www.library. ualberta.ca/guides/citation/index.cfm/>

2000

Basic CGOS (Columbia Guide to Online Style) style. In Columbia University Press [*on-line*], March 20, 2000 [acesso em: 7 mar. 2002]. Disponível em: <www.columbia.edu/cu/cup/cgos/>
Trechos da edição impressa

Library & Information Science, Citation Guides for Electronic Documents. In IFLA-NET Electronic Collections [*on-line*]. International Federation of Library Associations and Institutions, 1995, latest revision 2000-03-13 [acesso em: 29 set. 2001]. Disponível em: <www.ifla.org/I/training/citation/ citing.htm>
Lista bem abrangente de guias disponíveis, *on-line* e impressos.

Modern Language Association (MLA). *MLA Style, Documenting Sources from the World Wide Web* [*on-line*]. The Modern Language Association of America, last update 1/11/2001 [acesso em: 10 mar. 2002]. Disponível em: <www.mla.org/style/ sources.htm>

1998

Lang T. *Web Extension to American Psychological Association Style (WEAPAS)* [*on-line*], Proposed standard for referencing online documents in scientific publications. Revision 1.5.2, 15 october 1998 [acesso em: 29 ago. 2000]. Disponível em: <www.beadsland.com/weapas/>

1997

Crane Nancy. *Bibliographic Formats for Citing Electronic Information* [*on-line*]. University of Vermont, October 29, 1997 [acesso em: 29 ago. 2000]. Disponível em: <www.uvm.edu/~ncrane/ estyles/>

138 \ *Como redigir uma bibliografia*

1.3 – Normas

Referências bibliográficas e descrições bibliográficas[1]

2001

International Organization for Standardization (ISO). *Excerpts from International Standard ISO 690-2 - Information and documentation - Bibliographic references - Electronic documents or parts thereof [on-line].* ISO, 2001. Last update 2001-04-24 [acesso em: 6 set. 2001]. Disponível em: <www.nlc-bnc.ca/iso/tc46sc9/standard/690-2e.htm>

International Organization for Standardization (ISO). *Information and documentation - Bibliographic references - Part 2, Electronic documents or parts thereof. Additional examples [online].* ISO, 2001. Last update 2001-08-20 [acesso em: 23 out. 2001]. Disponível em: <www.nlc-bnc.ca/iso/tc46sc9/standard/690-2ex.htm>

1998

FD Z 44-065. Septembre 1998. *Documentation. Catalogage des vidéogrammes. Rédaction de la description bibliographique. Annexe A, description bibliographique minimale des vidéogrammes.* In Formation des bibliothécaires et documentalistes. Normes pour l'épreuve de catalogage. T. 3, Images fixe et animée, sons. 3ᵉ éd. Paris, AFNOR, 1998. P. 242-244

FD Z 44-066. Décembre 1998. *Documentation. Catalogage des enregistrements sonores. Rédaction de la notice phonographique. Annexe A, description phonographique minimale des enregistrements sonores.* In Formation des bibliothécaires et documentalistes. Normes pour l'épreuve de catalogage. T. 3, Images fixe et animée, sons. 3ᵉ éd. Paris, AFNOR, 1998, P. 326-329

....

1. Nessa parte, a subclassificação leva em consideração as datas de publicação das normas, e não as datas de edição das compilações em que estão contidas.

NF ISO 690-2. Février 1998. *Information et documentation. Références bibliographiques. Documents électroniques, documents complets ou parties de documents.* In Formation des bibliothécaires et documentalistes. Normes pour l'épreuve de catalogage. T. 2, Références bibliographiques, parties composantes, cartes. 3ᵉ éd. Paris, AFNOR, 1998. P. 15-40

1997

FD Z 44-077. Septembre 1997. *Documentation. Catalogage de l'image fixe. Rédaction de la description bibliographique. Annexe B, description bibliographique allégée.* In Formation des bibliothécaires et documentalistes. Normes pour l'épreuve de catalogage. T. 3, images fixe et animée, sons. 3ᵉ éd. Paris, AFNOR, 1998. P. 100-103

1987

NF Z 44-005. Décembre 1987. ISO 690. Août 1987. *Documentation. Références bibliographiques, contenu, forme et structure.* In Formation des bibliothécaires et documentalistes. Normes pour l'épreuve de catalogage. T. 2, Références bibliographiques, parties composantes, cartes. 3ᵉ éd. Paris, AFNOR, 1998, P. 1-13

2 – A normalização em informação-documentação

1999-2000

Chartron Ghislaine, Noyer Jean-Max, dir. *Normes et documents numériques, quels changements?* Solaris [*on-line*], déc. 1999-janv. 2000 [acesso em: 25 set. 2001], dossier nº. 6. Disponível em: <www.info.unicaen.fr/bnum/jelec/Solaris/d06/>. ISSN 1265-4876

Fayet-Scribe Sylvie, Canet Cyril. *Histoire de la normalisation autour du livre et du document, l'exemple de la notice bibliographique et catalographique, de la Bibliographie générale et raisonnée de la France (1791) à la Description bibliographique internationale normalisée (1975).* Solaris [*on-line*], déc. 1999-janv. 2000 [acesso em: 25 set. 2001], dossier nº. 6, 61 p. Disponível em: <www.info.unicaen.fr/bnum/jelec/Solaris/d06/6fayet.html>. ISSN 1265-4876

140 \ *Como redigir uma bibliografia*

1999
Mattenet Catherine, coord. *Normalisation documentaire, le défi de l'électronique.* Documentaliste - Sciences de l'information, 1999, vol. 36, nº 2, p. 117-128

1993
Dossier, normalisation. Bulletin des bibliothèques de France, 1993, t. 38, nº 5, p. 9-79

3 – Glossários

2002
INTD-ER. *Vocabulaire de la documentation*, coord. par Arlette Boulogne. Paris, ADBS Éd., 2004. 334 p. Coll. Sciences et techniques de l'information, ISSN 1762-8288. ISBN 2-84365-071-2

2001
Délégation générale à la langue française. *Criter (Corpus du réseau interministériel de terminologie)* [base de dados *on-line*]. Paris, Ministère de la culture [acesso em: 3 out. 2001]. Disponível em: <www.culture.gouv.fr/dglf/terminologie/base-donnees.html>
Contém todos os termos publicados no *Journal officiel* [Diário oficial] pela Commission générale de terminologie et de néologie

1999
Premier ministre, Commission générale de terminologie et de néologie. *Vocabulaire de l'Internet, termes et définitions publiés au Journal officiel.* Paris, Délégation générale à la langue française, 1999. 25 p. Coll. Enrichessement de la langue française
Também disponível no *site* da DGLF: <www.culture.fr/culture/dglf/cogeter/16-03-99-listes.html>

1998
Premier ministre, Commission générale de terminologie et de néologie. *Vocabulaire de l'informatique, termes et définitions publiés au Journal officiel.* Paris, Délégation générale à la langue française, 1998. 15 p. Coll. Enrichessement de la langue française

Também disponível no *site* da DGLF: <www.culture.fr/culture/dglf/cogeter/10-10-98-2.htm>

1997

Cacaly Serge, dir. *Dictionnaire encyclopédique de l'information et de la documentation*; Yves F. Le Coadic, Michel Melot, Paul-Dominique Pomart, Éric Sutter, comité de rédaction. Paris, Nathan, 1997. 634 p. Collection "réf". ISBN 2-09-190528-3

1996

Ranjard Sophie, Gruber Benoît. *Les 400 mots de la documentation et des technologies associées, lexique pratique et adresses utiles*; avec la participation de Françoise Reginster, Patricia Huvillier. Paris (62, boulevard Exelmans, 75016), 2H Editor, 1996. 91 p. ISBN 2-912066-00-X

4 – Algumas obras sobre busca de informações

2001

Foenix-Riou Béatrice. *Recherche et veille sur le Web visible et invisible, agents intelligents, annuaires sélectifs, interfaces des grands serveurs, portails thématiques*. Paris, Bases Publications, Éditions Tec & Doc, 2001. 240 p. ISBN 2-914509-01-4 (Bases Publications). ISBN 2-7430-0450-9 (Tec & Doc)

Lardy Jean-Pierre. *La recherche d'information sur l'Internet, méthodes et outils*. 7ᵉ éd. remaniée et mise à jour mai 2001. Paris, ADBS Éd., 2001. 123 p. Coll. Sciences de l'information, série Recherches et documents, ISSN 1159-7666. Também disponível na Internet: <www.adbs.fr/adbs/sitespro/lardy>. ISBN 2-84365-052-6

Mermet Jean-Michel. *SAPRISTI (Sentiers d'accès et pistes de recherche d'informations scientifiques et techniques sur Internet), recherche d'informations scientifiques et techniques sur Internet*. In INSA-Lyon, Doc'INSA [*on-line*]. Villeurbanne: Institut national de sciences appliquées, 09-03-1998, mise à jour 9-03-2001 [acesso em: 3 out. 2001]. Disponível em: <csidoc.insa-lyon.fr/sapristi/digest.html/>

142 \ *Como redigir uma bibliografia*

URFIST. Paris. *Cerise* (ver 1.2.1 Guias *on-line* em francês)

2000

Darrobers Martine, Le Pottier Nicole. *La recherche documentaire*. Paris, Nathan, 2000. 159 p. Coll. Repères pratiques Nathan, n°. 25. ISBN 2-09-182481-X

5 – Algumas obras gerais da área da informação-documentação

2000

Bibent Michel. *Le droit du traitement de l'information*. Paris, Nathan, ADBS, 2000. 128 p. Coll. 128. Série information-documentation, n°. 217. ISBN 2-09-191000-7

Fayet-Scribe Sylvie. *Histoire de la documentation en France, culture, science et technologie de l'information, 1895-1937*. Paris, CNRS Éd., 2000. 313 p. Coll. CNRS Histoire, ISSN 1251-4357. ISBN 2-271-07590-6

Marx Bernard. *La propriété industrielle, sources et ressources d'information*. Paris, Nathan, ADBS, 2000. 128 p. Coll. 128. Série information-documentation, n°. 252. ISBN 2-09-190998-X

1999

Comberousse Martine. *Histoire de l'information scientifique et technique*. Paris, Nathan, 1999. 127 p. Coll. 128, n°. 231. ISBN 2-09-191015-5

1997

Le Coadic Yves-François. *La science de l'information*. 2e éd. corrigé. Paris, Presses universitaires de France, 1997. 127 p. Coll. Que sais-je?, n°. 2873. ISBN 2-13-0463819[2]

....

2. Como o conteúdo dessa segunda edição da obra é bem diferente do da primeira edição (1994), ela pode ser apresentada com a data de 1997. Em uma bibliografia cronológica de obras sobre o assunto, é mais sensato classificar essa referência com a data da primeira edição.

Bibliografias \ 143

Le Coadic Yves-François. *Usages et usagers de l'information.* Paris, Nathan, ADBS, 1997. 127 p. Coll. 128. Série information-documentation, n°. 174. ISBN 2-09-190366-3

1990

Guinchat Claire, Menou Michel. *Introduction générale aux sciences et techniques de l'information et de la documentation.* 2e éd. rev. et augm. par Marie-France Blanquet. Paris, Unesco, 1990. 543 p. ISBN 92-3-202540-X

1934[3]

Otlet Paul. *Traité de documentation, le livre sur le livre, théorie et pratique.* Réimpr. préf. de Robert Estivals, avant-propos de André Canonne. Liège, Centre de lecture publique de la communauté française en Belgique, 1989. XVII-431-VIII p.
Fac-símile da ed. Bruxelles, Mundaneum, 1934. ISBN 2-87130-015-1

C. BIBLIOGRAFIA ALFABÉTICA POR NOME DE AUTOR

Classificação alfabética por nome de autor, ou pela primeira palavra do título, no caso de documentos sem autor.

American Psychological Association (APA). *Electronic References* [*on-line*]. In APAStyle.org [acesso em: 4 out. 2001]. Disponível em: <www.apastyle.org/elecgeneral.html>
Trechos da 5ª ed. impressa de: "APA's complete style guide for citing electronic resources"

....

3. Como essa obra é uma reedição em fac-símile, colocar a data da primeira edição em uma classificação cronológica é mais interessante do que colocar a data da reedição (que, de qualquer forma, é informada na referência).

144 \ *Como redigir uma bibliografia*

Basic CGOS (Columbia Guide to Online Style) style. In Columbia University Press [*on-line*], March 20, 2000 [acesso em: 7 mar. 2002]. Disponível em: <www.columbia.edu/cu/cup/cgos/>
Trechos da edição impressa

Beaud Michel. *L'art de la thèse*. N^{lle} éd. mise à jour. Paris, La découverte, 1994. Coll. Guides Repères. 30, Bibliographie et sources, p. 104-108. ISBN 2-7071-2321-8

Benett Alice, ver **Turabian** Kate Larimore

Bibent Michel. *Le droit du traitement de l'information*. Paris, Nathan, ADBS, 2000. 128 p. Coll. 128. Série information-documentation, n°. 217. ISBN 2-09-191000-7

Bion Nicole, ver **Prudhomme** B.

Boulogne Arlette, ver **INTD-ER**

Burlat J.-M., ver **Prudhomme** B.

Cacaly Serge, dir. *Dictionnaire encyclopédique de l'information et de la documentation*; Yves F. Le Coadic, Michel Melot, Paul-Dominique Pomart, Éric Sutter, comité de rédaction. Paris, Nathan, 1997. 634 p. Collection "réf". ISBN 2-09-190528-3

Canet Cyril, ver **Fayet-Scribe** Sylvie

Caron Rosaire. *Comment citer un document électronique?*. In *Site da Bibliothèque de l'Université de Laval* [*on-line*]. Laval (Québec), 1996-03-08, modifié le 27 août 2001 [acesso em: 28 fev. 2002]. Disponível em: <www.bibl.ulaval.ca/doelec/doelec29. html>
O mais completo para informações eletrônicas

Chartron Ghislaine, Noyer Jean-Max, dir. *Normes et documents numériques, quels changements?* Solaris [*on-line*], déc. 1999-janv. 2000 [acesso em: 25 set. 2001], dossier n°. 6. Disponível em: <www.info.unicaen.fr/bnum/jelec/Solaris/d06/>. ISSN 1265-4876

Chassé Dominique, Whitney Greg, *Guide des références bibliographiques*, avec la collab. d'André Maltais. Montréal, Éd. de l'École polytechnique de Montréal, 1997. XIV-178 p. ISBN 2-553-00628-4

Comberousse Martine. *Histoire de l'information scientifique et technique*. Paris, Nathan, 1999. 127 p. Coll. 128, n? 231. ISBN 2-09-191015-5

Crane Nancy. *Bibliographic Formats for Citing Electronic Information [on-line]*. University of Vermont, October 29, 1997 [acesso em: 29 ago. 2000]. Disponível em: <www.uvm.edu/~ncrane/estyles/>

Crouse Maurice. *Citing Electronic Information in History Papers [on-line]*. [7ª ed.]. 25 October 2001 [acesso em: 10 mar. 2002]. Disponível em: <www.people.memphis.edu/~mcrouse/elcite.html>

Com um histórico e com uma comparação entre diferentes "estilos" propostos nos países de língua inglesa

Darrobers Martine, Le Pottier Nicole. *La recherche documentaire*. Paris, Nathan, 2000. 159 p. Coll. Repères pratiques Nathan, n? 25. ISBN 2-09-182481-X

Délégation générale à la langue française. *Criter (Corpus du réseau interministériel de terminologie)* [base de dados *on-line*]. Paris, Ministère de la culture [acesso em: 3 out. 2001]. Disponível em: <www.culture.gouv.fr/dglf/terminologie/base-donnees.html>

Contém todos os termos publicados no *Journal officiel* [Diário oficial] pela Commission générale de terminologie et de néologie

Dossier, normalisation. Bulletin des bibliothèques de France, 1993, t. 38, n? 5, p. 9-79

Dufour M.-L. dir. *Le tapuscrit, recommandations pour la présentation et la dactylographie des travaux scientifiques (Sciences humaines)*. Paris, École pratique des hautes études (VIᵉ section), 1971. 101 p.

Um clássico, antigo, mas traz algumas reflexões interessantes

Fayet-Scribe Sylvie. *Histoire de la documentation en France, culture, science et technologie de l'information, 1895-1937*. Paris, CNRS Éditions, 2000. 313 p. Coll. CNRS Histoire, ISSN 1251-4357. ISBN 2-271-07590-6

146 \ *Como redigir uma bibliografia*

Fayet-Scribe Sylvie, Canet Cyril. *Histoire de la normalisation autour du livre et du document, l'exemple de la notice bibliographique et catalographique, de la Bibliographie générale et raisonnée de la France (1791) à la Description bibliographique internationale normalisée (1975).* Solaris [*on-line*], déc. 1999-janv. 2000 [acesso em: 25 set. 2001], dossier n.º 6, 61 p. Disponível em: <www.info.unicaen.fr/bnum/jelec/Solaris/d06/6fayet.html>. ISSN 1265-4876

FD Z 44-065. Septembre 1998. *Documentation. Catalogage des vidéogrammes. Rédaction de la description bibliographique. Annexe A, description bibliographique minimale des vidéogrammes.* In Formation des bibliothécaires et documentalistes. Normes pour l'épreuve de catalogage. T. 3, Images fixe et animée, sons. 3e éd. Paris, AFNOR, 1998. P. 242-244

FD Z 44-066. Décembre 1998. *Documentation. Catalogage des enregistrements sonores. Rédaction de la notice phonographique. Annexe A, description phonographique minimale des enregistrements sonores.* In Formation des bibliothécaires et documentalistes. Normes pour l'épreuve de catalogage. T. 3, Images fixe et animée, sons. 3e éd. Paris, AFNOR, 1998, P. 326-329

FD Z 44-077. Septembre 1997. *Documentation. Catalogage de l'image fixe. Rédaction de la description bibliographique. Annexe B, description bibliographique allégée.* In Formation des bibliothécaires et documentalistes. Normes pour l'épreuve de catalogage. T. 3, images fixe et animée, sons. 3e éd. Paris, AFNOR, 1998. P. 100-103

Foenix-Riou Béatrice. *Recherche et veille sur le Web visible et invisible: agents intelligents, annuaires sélectifs, interfaces des grands serveurs, portails thématiques.* Paris, Bases Publications, Éditions Tec & Doc, 2001. 240 p. ISBN 2-914509-01-4 (Bases Publications). ISBN 2-7430-0450-9 (Tec & Doc)

Grossman John, ver **Turabian** Kate Larimore

Gruber Benoît, ver **Ranjard** Sophie

Bibliografias \ 147

Guinchat Claire, Menou Michel. *Introduction générale aux sciences et techniques de l'information et de la documentation.* 2ᵉ éd. rev. et augm. par Marie-France Blanquet. Paris, Unesco, 1990. 543 p. ISBN 92-3-202540-X

Harnack Andrew, Kleppinger Eugene. *Online! A reference guide to using internet sources* [*on-line*]. Bedford/St. Martin's, 2001 [acesso em: 10 mar. 2002]. Citation styles. Disponível em: <www.bedfordstmartins.com/online/citex.html>
Apresentação, com exemplos, de quatro "estilos": MLA, APA, Chicago e CBE

International Organization for Standardization (ISO). *Excerpts from International Standard ISO 690-2 - Information and documentation - Bibliographic references - Electronic documents or parts thereof* [*on-line*]. ISO, 2001. Last update 2001-04-24 [acesso em: 6 set. 2001]. Disponível em: <www.nlc-bnc.ca/iso/tc46sc9/standard/690-2e.htm#5.1.3>

International Organization for Standardization (ISO). *Information and documentation - Bibliographic references - Part 2, Electronic documents or parts thereof. Additional examples* [*on-line*]. ISO, 2001. Last update 2001-08-20 [acesso em: 23 out. 2001]. Disponível em: <www.nlc-bnc.ca/iso/tc46sc9/standard/690-2ex.htm>

INTD-ER. *Vocabulaire de la documentation*, coord. par Arlette Boulogne. Paris, ADBS Éd., 2004. 334 p. Coll. Sciences et techniques de l'information, ISSN 1762-8288. ISBN 2-84365-071-2

Kleppinger Eugene, ver **Harnack** Andrew

Lardy Jean-Pierre. *La recherche d'information sur l'Internet: méthodes et outils.* 7ᵉ éd. remaniée et mise à jour mai 2001. Paris, ADBS Éd., 2001. 123 p. Coll. Sciences de l'information, série Recherches et documents, ISSN 1159-7666.
Também disponível na Internet: <www.adbs.fr/adbs/sitespro/lardy>. ISBN 2-84365-052-6

Lang T. *Web Extension to American Psychological Association Style (WEAPAS)* [*on-line*], Proposed standard for referencing

148 \ *Como redigir uma bibliografia*

online documents in scientific publications. Revision 1.5.2, 15 october 1998 [acesso em: 29 ago. 2000]. Disponível em: <www.beadsland.com/weapas/>

Le Coadic Yves-François. *La science de l'information*. 2e éd. corrigé. Paris, Presses universitaires de France, 1997. 127 p. Coll. Que sais-je?, n° 2873. ISBN 2-13-0463819

Le Coadic Yves-François. *Usages et usagers de l'information*. Paris, Nathan, ADBS, 1997. 127 p. Coll. 128. Série information-documentation, n° 174. ISBN 2-09-190366-3

Lexique des règles typographiques en usage à l'Imprimerie nationale. Paris, Imprimerie nationale, 1997. Bibliographie, p. 31-36. ISBN 2-11-081075

Library & Information Science, Citation Guides for Electronic Documents. In IFLA-NET Electronic Collections [*on-line*]. International Federation of Library Associations and Institutions, 1995, latest revision 2000-03-13 [acesso em: 29 set. 2001]. Disponível em: <www.ifla.org/I/training/citation/citing.htm>
Lista bem abrangente de guias disponíveis, *on-line* e impressos.

Maltais André, ver **Chassé** Dominique

Marx Bernard. *La propriété industrielle, sources et ressources d'information*. Paris, Nathan, ADBS, 2000. 128 p. Coll. 128. Série information-documentation, n° 252. ISBN 2-09-190998-X

Mattenet Catherine, coord. *Normalisation documentaire, le défi de l'électronique*. Documentaliste - Sciences de l'Information, 1999, vol. 36, n° 2, p. 117-128

Menou Michel, ver **Guinchat** Claire

Mermet Jean-Michel. *SAPRISTI (Sentiers d'accès et pistes de recherche d'informations scientifiques et techniques sur Internet): recherche d'informations scientifiques et techniques sur Internet*. In INSA-Lyon, Doc'INSA [*on-line*]. Villeurbanne: Institut national de sciences appliquées, 09-03-1998, mise à jour 9-03-2001 [acesso em: 3 out. 2001]. Disponível em: <csidoc.insa-lyon.fr/sapristi/digest.html/>

Bibliografias \ 149

Modern Language Association (MLA). *MLA Style, Documenting Sources from the World Wide Web [on-line]*. The Modern Language Association of America, last update 1/11/2001 [acesso em: 10 mar. 2002]. Disponível em: <www.mla.org/style/sources.htm>

NF ISO 690-2. Février 1998. *Information et documentation. Références bibliographiques. Documents électroniques, documents complets ou parties de documents*. In Formation des bibliothécaires et documentalistes. Normes pour l'épreuve de catalogage. T. 2, Références bibliographiques, parties composantes, cartes. 3e éd. Paris, AFNOR, 1998. P. 15-40

NF Z 44-005. Décembre 1987. **ISO 690**. Août 1987. *Documentation. Références bibliographiques, contenu, forme et structure*. In Formation des bibliothécaires et documentalistes. Normes pour l'épreuve de catalogage. T. 2, Références bibliographiques, parties composantes, cartes. 3e éd. Paris, AFNOR, 1998, P. 1-13

Noyer Jean-Max, ver **Chartron** Ghislaine

Otlet Paul. *Traité de documentation, le livre sur le livre, théorie et pratique*. Réimpr. préf. de Robert Estivals, avant-propos de André Canonne. Liège, Centre de lecture publique de la communauté française en Belgique, 1989. XVII-431-VIII p. Fac-símile da ed. Bruxelles, Mundaneum, 1934. ISBN 2-87130-015-1

Premier ministre, Commission générale de terminologie et de néologie. *Vocabulaire de l'Internet, termes et définitions publiés au Journal officiel*. Paris, Délégation générale à la langue française, 1999. 25 p. Coll. Enrichessement de la langue française Também disponível no *site* da DGLF: <www.culture.fr/culture/dglf/cogeter/16-03-99-listes.html>

Premier ministre, Commission générale de terminologie et de néologie. *Vocabulaire de l'informatique, termes et définitions publiés au Journal officiel*. Paris, Délégation générale à la langue française, 1998. 15 p. Coll. Enrichessement de la langue française

150 \ *Como redigir uma bibliografia*

Também disponível no *site* da DGLF: <www.culture.fr/culture/dglf/cogeter/10-10-98-2.htm>

Prudhomme B., Burlat J.-M., Bion Nicole, et al. *Références bibliographiques, rédaction et lecture*. 5e éd. In INSA-Lyon, Doc'INSA [*on-line*]. Villeurbanne (Fr.), Institut national de sciences appliquées, 15 septembre 1998 [acesso em: 27 set. 2001]. Disponível em: <csidoc.insa-lyon.fr/docs/refbibli.html>

Ranjard Sophie, Gruber Benoît. *Les 400 mots de la documentation et des technologies associées, lexique pratique et adresses utiles*, avec la participation de Françoise Reginster, Patricia Huvillier. Paris (62, boulevard Exelmans, 75016), 2H Editor, 1996. 91 p. ISBN 2-912066-00-X

Robine Nicole. *Guide de présentation de mémoires et thèses universitaires*, préf. de Jean Meyriat. 2e éd. mise à jour. Talence, Laboratoire associé des sciences de l'information et de la communication, Maison des sciences de l'homme d'Aquitaine, 1982. 34 p. Coll. Documents et prépublications du Laboratoire associé des sciences de l'information et de la communication, Université de Bordeaux III, ISSN 0395-3157, n.º 7.
Les notes et références, p. 16-25

Tong Josie. *Citation Style Guides for Internet and Electronic Sources*. In University of Alberta libraries [*on-line*]. August 1, 2001 [acesso em: 30 set. 2001]. Disponível em: <www.library.ualberta.ca/guides/citation/index.cfm/>

Turabian Kate Larimore. *A manual for writers of term papers, theses and dissertation*. 6th ed. rev. by John Grossman and Alice Benett. Chicago University of Chicago Press, 1996. IX-308 p. Coll. Chicago guides to writing, editing and publishing.
Section on documentation, p. 8-12

URFIST, Paris. *CERISE (Conseils aux étudiants pour une recherche d'information spécialisée efficace)* [*on-line*]. Paris, Urfist, 1999, mise à jour 25-01-2001 [acesso em: 3 out. 2001]. Disponível em: <web.ccr.jussieu.fr/urfist/cerise/>

D. BIBLIOGRAFIA TEMÁTICA

Trechos do catálogo de 2000 da coleção Découvertes Gallimard

Esta outra apresentação reúne os diferentes títulos disponíveis no ano 2000, publicados na coleção Découvertes. A classificação em sete áreas é complementada por dois índices – um índice de autores e um índice temático –, e uma quarta classificação (intitulada "índice numérico dos títulos publicados") retoma as referências de todos os títulos publicados, classificados na ordem seqüencial dos números da coleção. As referências contêm apenas o título, o(s) autor(es), a categoria de preço, o número na coleção, a série (se houver) e a referência comercial. Não há nem editora (tudo é publicado pela Gallimard), nem coleção (Découvertes), nem data (obras publicadas desde 1986, início da coleção).

Catálogo de títulos disponíveis classificados em 7 áreas, algumas subdivididas em subáreas; em seguida, os títulos são apresentados em ordem numérica crescente (trechos)

ARTS - Cinéma

35 CINÉMATOGRAPHE, INVENTION DU SIÈCLE
Emmanuelle Toulet
cat 5 - A 53054 - série Cinéma

139 LE CRIME À L'ÉCRAN, UNE HISTOIRE DE L'AMÉRIQUE
Michel Ciment
cat 6 - A 53195 - série Cinéma

246 LES ATELIERS DU 7ᵉ ART, 1) AVANT LE CLAP
Jean-Pierre Berthomé
cat 5 - A 53305 - série Cinéma

152 \ *Como redigir uma bibliografia*

HISTOIRE - Époques moderne et contemporaine - MONDE
187   L'INVENTION DES MUSÉES
      Roland Schaer
      cat 5 - A 53256 - série Histoire
363   LE TRIOMPHE DE L'ÉDITION, HISTOIRE DU LIVRE,
      VOL. II
      Bruno Blasselle
      cat 5 - A 53364 - série Histoire

SCIENCES - Sciences et techniques
326   DU LANGAGE AUX LANGUES
      Ranka Bijeljac et Roland Breton
      cat 4 - A 53268 - série Sciences

Índice de autores
Berthomé, Jean-Pierre n$^{\circ}$ 246
Blasselle, Bruno n$^{\circ}$ 321, 363
Bijeljac, Ranka / Breton, Roland n$^{\circ}$ 326
Breton, Roland / Bijeljac, Ranka n$^{\circ}$ 326
Ciment, Michel n$^{\circ}$ 139
Schaer, Roland n$^{\circ}$ 187
Toulet, Emmanuelle n$^{\circ}$ 35

Índice temático
"… os **números em negrito** remetem a um título preciso
sobre o tema; os outros, a temas correlatos"
CINÉMATOGRAPHE n$^{\circ}$ **35**, 246, 247, 308
FILM NOIR n$^{\circ}$ **139**
LANGUES (histoire des) n$^{\circ}$ **326**
LIVRE n$^{\circ}$ **321**, **363**
MUSÉES n$^{\circ}$ 60, 61, **187**

Índice numérico dos títulos publicados
35   CINÉMATOGRAPHE, INVENTION DU SIÈCLE
      Emmanuelle Toulet
      cat 5 - A 53054 - série Cinéma

Bibliografias \ 153

139 LE CRIME À L'ÉCRAN, UNE HISTOIRE DE
L'AMÉRIQUE
Michel Ciment
cat 6 - A 53195 - série Cinéma

187 L'INVENTION DES MUSÉES
Roland Schaer
cat 5 - A 53256 - série Histoire

246 LES ATELIERS DU 7ᵉ ART, 1) AVANT LE CLAP
Jean-Pierre Berthomé
cat 5 - A 53305 - série Cinéma

326 DU LANGAGE AUX LANGUES
Ranka Bijeljac et Roland Breton
cat 4 - A 53268 - série Sciences

363 LE TRIOMPHE DE L'ÉDITION, HISTOIRE DU LIVRE,
VOL. II
Bruno Blasselle
cat 5 - A 53364 - série Histoire

5. Bibliografia e informática[1]

por Sylvie Dalbin

Os capítulos anteriores permitiram mostrar a diversidade de regras de identificação, estrutura e redação das referências de documentos, em função da bibliografia a ser produzida.

Este capítulo[2] trata da contribuição da informática à atividade de produção de bibliografias, e de sua evolução, levando em consideração as novas tendências das tecnologias da informação.

1. COMO E POR QUE AUTOMATIZAR A PRODUÇÃO DE BIBLIOGRAFIAS

Estabelecidas as regras, a redação de referências bibliográficas e de bibliografias não é tarefa difícil, mas é re-

....

1. Neste capítulo, os números entre colchetes remetem à bibliografia do final do capítulo, pp. 123-4.

2. Este capítulo foi elaborado a partir do acompanhamento, por mais de dez anos, de *softwares* especializados em produção de bibliografias, da utilização de dois deles (Reference Manager 7.5 em PC e EndNote 3 para Mac), e também do estudo de guias, manuais e documentação técnica das últimas versões.

156 \ *Como redigir uma bibliografia*

petitiva e demanda muito rigor. A tarefa se torna cada vez mais complexa devido à diversidade, renovação e quantidade de documentos a serem examinados, à diversidade de bibliografias e de seus formatos de apresentação.

Assim, desde o primórdio da microinformática, a produção de bibliografias foi informatizada. Os pesquisadores, que são os maiores usuários, mas sobretudo os maiores produtores de bibliografias em seus trabalhos, utilizam há mais de quinze anos programas especializados, denominados "*softwares* bibliográficos"[3]. O termo inglês *bibliography formating software* (BFS) (*software* de formatação de bibliografias) é mais esclarecedor sobre a principal função esperada desses programas: "formatar" bibliografias. Outra terminologia muito encontrada nos países de língua inglesa é *personal bibliographic software*, que precisa a dimensão [utilização] "pessoal", mais que "coletiva", dessas ferramentas.

Tais *softwares* permitem inserir citações, formatá-las conforme "estilos" próprios às publicações em que os textos serão publicados, gerar automaticamente, a partir das citações, a bibliografia correspondente, que virá no fim do texto. Para tornar possível esse trabalho de gerenciamento de citações e de produção bibliográfica, esses programas especializados gerenciam referências bibliográficas em uma base dita de referências.

....

3. Já em 1992 eram publicados artigos de síntese sobre esses programas: Lassalle, Bernard, a partir de sugestão de Nicole Doan, "Étude comparative des logiciels bibliographiques sur Macintosh". *Le Micro-Bulletin*, dezembro de 1992/janeiro de 1993, n.º 47, pp. 168-90.

2. CARACTERÍSTICAS DOS *SOFTWARES* BIBLIOGRÁFICOS

Os *softwares* bibliográficos fazem parte da família dos *softwares* **de gerenciamento de bases de dados**, chamados de SGBD (sistemas de gerenciamento de bases de dados), sendo que os mais conhecidos, na França, no mundo da burótica, são o Access da Microsoft, o Filemaker Pro da Claris, Paradox da Corel ou dBase da dBase Inc. Um SGBD permite gerenciar e explorar bases de dados[4], qualquer que seja o tipo de dado considerado: pessoas (repertório de endereços), produtos à venda, livros... Esses programas reúnem vários módulos dirigidos a funções particulares: criação de bases de dados em função dos tipos de dados, criação de fichas (em inglês, *records*) para uma base de dados, depois exploração da base de dados – localizar, editar ou exportar dados gerenciados, em diferentes formatos.

Um *software* bibliográfico é um SGBD consagrado a dados bibliográficos; é previamente programado para gerenciar referências bibliográficas, fazer citações e gerar bibliografias. Em comparação a um SGBD genérico, certas funcionalidades específicas foram parametrizadas: eles vêm "prontos para serem usados".

Em particular:

– são fornecidos modelos de ficha ou fichas-tipo contendo todos os campos úteis para a descrição de documentos; os campos variam dependendo das categorias de documentos [2.1];

– filtros possibilitam importar fichas bibliográficas originárias de alguns bancos de dados [2.2];

....

4. Que é preciso distinguir de banco de dados (ver capítulo 2, §1).

158 \ *Como redigir uma bibliografia*

– formatos, denominados "estilos", de edição ou de exportação de referências são parametrizados em função das diferentes revistas [2.3].

Isso permite a reutilização dos mesmos elementos de dados bibliográficos para citações e bibliografias diferentes, sem precisar digitar tudo novamente. Além disso, esses programas oferecem uma função de inserção de citações, e bibliografias correspondentes, no processo de redação do texto [2.4].

2.1 Fichas descritivas de documentos: reunião de elementos de dados

Os *softwares* bibliográficos propõem, por ocasião da criação de sua base, modelos de fichas descritivas de documentos: um conjunto de campos, extraídos de uma lista dita genérica, é associado às fichas, dependendo da categoria de documentos. O estudo dos principais *softwares* mostra que eles incorporam o conjunto dos elementos de dados necessários à descrição de um documento, inclusive de tipos mais recentes, como os documentos de internet.

São propostos cerca de quarenta campos, sendo que alguns não são predeterminados, o que deixa a liberdade de criar, por exemplo, um campo pessoal "número de identificação", diferente do atribuído automaticamente pelo programa, ou um código de classificação que facilite a consulta dos documentos. Todos os campos são indexados e, portanto, podem ser utilizados para localização ou triagem das fichas.

Essa distribuição dos elementos de dados descritivos em campos diferentes e interindependentes permite, no final das contas, de forma muito simples, propor uma variedade de formatos de edição e/ou de exportação e manipular, fácil e eficazmente, todos os dados de maneira autônoma.

Dessa forma, em um banco de dados, o elemento de dados "Fonte" será definido por 3 ou 4 campos (Título da revista; Data; Volume; Paginação). Como complemento desses campos bibliográficos, pode haver também campos de gerenciamento (por exemplo, nome do redator da ficha, data de digitação da ficha, número da ficha, data de leitura) [ver fig. 1].

FIG. 1 – Reformatar fichas documentais: passar do formato 1 para o formato 2

FORMATO 1: No banco de dados X, os campos AUTOR e FONTE são apresentados da seguinte forma:

AU: DARROBERS Martine, LE POTTIER Nicole.

FO: Nathan, 2000, Paris

FORMATO 2: Em um software bibliográfico, esses elementos de dados podem ser distribuídos em campos distintos e apresentados da seguinte forma:

Autor

DARROBERS   Martine

LE POTTIER   Nicole

Fonte

Cidade de edição: Paris

Editora: NATHAN

DATA: 2000

2.2 Alimentar e ampliar a base de referências

Uma vez criada a base pessoal, é preciso alimentá-la. Isso pode ser feito pela importação (ou transferência*) automática de referências ou por digitalização direta.

....

    * Fazer *download*. (N. da T.)

160 \ *Como redigir uma bibliografia*

2.2.1 Importação de referências

No caso da importação de referências existentes em sua base pessoal, um menu ou módulo particular de importação ou de consulta *on-line* (Endlink para EndNote ou Bibliolink para ProCite, por exemplo; busca direta em fundos *on-line* para Reference Manager versão 10) é oferecido para o acesso a recursos documentais.

Com efeito, as fichas bibliográficas descritivas de documentos fornecidas em bancos de dados como PubMed, Delphes etc. nunca são idênticas: os elementos de dados propostos, a ordem em que aparecem, o modo como cada elemento está registrado (sintaxe no interior do campo, redação dos dados...) podem ser diferentes. Portanto, é necessário fazer os campos-fonte (os da base de dados da qual queremos recuperar documentos) corresponderem corretamente aos campos-alvo (os da sua base de referência).

Para tanto, você deverá utilizar o que os *softwares* bibliográficos chamam de "filtros". Um filtro é um programa (script ou macro) que lerá o arquivo no formato-fonte e o converterá em outro arquivo no formato-alvo. Os filtros, específicos a cada recurso utilizado *on-line* e/ou em CD-ROM, garantem a reformatação dos dados e sua inserção automática em sua base de referências; eles permitem transferir os dados de modo coerente em função de sua base-alvo.

Alguns *softwares* bibliográficos (EndNote, Procite ou Reference Manager, por exemplo) oferecem ferramentas complementares para definir novos filtros de importação de dados.

Depois da importação automática de dados para sua base de referências extraídas de bancos de dados, basta checar os dados da ficha assim criada com o próprio documento e complementar a referência com suas próprias anotações e palavras-chave.

2.2.2 Digitalização direta

No caso de digitalização direta, a digitação de dados é facilitada pela existência de serviços de suporte *on-line*, como a exibição de listas de valores existentes (lista de autores, editoras...) ou de valores controlados (por exemplo, lista de palavras-chave). Esses serviços asseguram homogeneidade na redação de nomes (de editoras, títulos de revistas...) e fazem diminuir os riscos de erros de grafia.

2.2.3 Observações

Há risco de aparecerem erros nessa etapa de alimentação da base de referências. Isso se deve:

– ou a diferenças entre o formato-fonte e o formato-alvo de sua base, quando há uma importação direta de informação proveniente de um banco documental para o qual não há filtro ou cujo filtro está ultrapassado;

– ou a erros na redação dos elementos de dados no momento da recuperação de bibliografias encontradas em documentos. Por exemplo: se você não conhecer as abreviações de títulos de revistas ou as regras de grafia dos autores, ou quando não houver uma boa compreensão dos títulos das partes;

– ou, ainda, a problemas técnicos no momento da importação automática.

Esses diferentes tipos de erro podem impedir o *software*, por exemplo no momento das edições ou exportações, de efetuar corretamente as checagens de duplicação ou reformatar as referências.

162 \ *Como redigir uma bibliografia*

Os guias e serviços de suporte *on-line* dos *softwares* aconselham não realizar digitalização manual, devido aos múltiplos erros ocasionados pelas dificuldades encontradas na compreensão e aplicação das regras de descrição de documentos; eles preconizam importar referências a partir de bancos profissionais: neles, as referências são *a priori* bem redigidas.

Como acabamos de ver, há risco de erros nos dois casos!

Dessa forma, no caso de importação automática de dados, recomenda-se firmemente trabalhar em uma base temporária na qual você efetuará a correção dos dados antes de transferi-los para sua base pessoal. Essa solução tem o mérito de garantir a segurança e a qualidade da importação, mas sobrecarrega o processo. E, no caso de digitação de referências, é imperativo se remeter ao próprio documento.

Em todo caso, a alimentação de sua base de referência constitui uma tarefa que exige muito rigor.

2.3 Editar e exportar referências e citações, gerar bibliografias

Evidentemente, este módulo constitui a particularidade dos *softwares* bibliográficos. Ele permite editar referências e/ou citações segundo estilos pré-programados ou elaborados por você em função dos formatos requeridos.

O modelo para criar um formato de exportação (denominado, com freqüência, "galeria de estilos") contém os títulos dos campos das fichas cujo conteúdo aparecerá na bibliografia e, para cada elemento de dados, as regras de apresentação, de pontuação e de formatação tipográfica a serem observadas na apresentação das referências, complementados por sinais convencionais reservados à formatação, próprios a cada *software*. Para cada "estilo" específico a uma revista ou editora, o modelo pode apresentar o formato da citação e o da referência bibliográfica, assim como formatos para tipos particulares de documento.

Alguns números referentes a esses formatos: End-Note e Reference Manager oferecem mais de 650 estilos, e o ProCite, 700. No entanto, os editores de *softwares* bibliográficos, seguindo uma lógica de oferta "pronto para ser usado", oferecem módulos[5] para que você elabore seus próprios estilos e filtros de importação e/ou modifique formatos existentes.

Além da formatação, outras inúmeras funcionalidades estão disponíveis: triagem de referências e citações em relação a um campo (EndNote, ProCite, Papyrus, Reference Manager) ou a vários (EndNote, Procite); bibliografias temáticas (ProCite); inserção, na bibliografia, de outras referências de documentos além dos citados no texto; corretor ortográfico…

Funções complementares de edição (numeração de páginas, recuos, aspectos gráficos, margens superior e inferior da página…) são oferecidas para a produção de **bibliografias independentes**.

As bibliografias produzidas podem ser apresentadas em formato "texto", é claro, mas também em formato RTF (Rich Text Format), oferecido por todos os processadores de texto, e no formato HTML (EndNote, Reference Manager) para disponibilização *on-line* direta na *web*, ou, ainda, em formatos particulares, como Tex/LaTeX (Papyrus).

O pacote de programas oferecido por esses *softwares* tem ótimo desempenho e é evolutivo, pois novos forma-

---

5. Ver também o item "Alimentar e ampliar a base de referên-

164 \ *Como redigir uma bibliografia*

tos ou formatos modificados (nova formatação de nome do autor, estilos editoriais) são regularmente lançados pelos editores (ou usuários). Além disso, centros de recursos documentais ou centros de informática de alguns organismos de pesquisa oferecem suporte em forma de guias, textos técnicos e até mesmo formatos pré-programados que possibilitam a recuperação de referências para determinados *softwares*. [5] [6] [7] [8]

2.4 Integrar citações e referências durante a redação do texto

A inserção de citações e referências pode seguir duas lógicas:

– você **cria**, no processador de texto, **um arquivo autônomo** que será incorporado ao texto;

– você **insere diretamente as citações durante a redação do texto**, e o *software* automaticamente gera a bibliografia. A maioria dos *softwares* bibliográficos (por exemplo EndNote, Reference Manager, Biblioscape) oferecem um programa adicional (plug-in) que se integra a alguns processadores de texto (por exemplo, Word da Microsoft, Corel WordPerfect), adicionando a eles funcionalidades que permitem manipular diretamente a base de referências, aberta em paralelo com o processador de texto.

Em todo caso, os *softwares* inserem as citações em um formato temporário: no EndNote pode ser entre colchetes[6], com o 1º autor, o ano e o número de referência, o que forma, por exemplo, [GOUMARD, 1999#35], sendo que o número (no caso, 35) corresponde ao número da

....

6. Os separadores ou delimitadores (barra ou colchete) podem ser modificados se você emprega com freqüência esses códigos para outras funções.

Bibliografia e informática \ 165

ficha na base. As citações serão formatadas de maneiras diferentes, dependendo do estilo que você selecionar (ver cap. 3), por exemplo, seguindo o modelo [AUTOR DATA]: [GOUMARD 1999]; [HERSCHER 1996]. A apresentação tipográfica será igual à do texto. Também é possível criar citações múltiplas [GOUMARD, 1999#35; HERSCHER, 1996#58]. O acréscimo de uma citação em nota de rodapé também é possível. As citações inseridas podem ser modificadas ou suprimidas.

Uma vez que as citações estiverem inseridas no texto, a bibliografia poderá ser automaticamente gerada (função "Format Bibliography"). O *software* pedirá então o formato a ser utilizado. As citações que não puderem ser formatadas para a bibliografia serão identificadas pelo *software*.

A geração de bibliografias a partir de várias bases simultaneamente, denominada "geração de bibliografia multibase", é possível, por exemplo, no Reference Manager.

Os *softwares* bibliográficos asseguram que todas as referências de todas as citações inseridas no texto sejam integradas à bibliografia de fim de texto.

3. PRODUTOS DISPONÍVEIS NO MERCADO[7]

Há um grande número de *softwares* bibliográficos, porém os mais conhecidos e/ou utilizados são: EndNote®, Reference Manager®, ProCite® e Papyrus®.

Além dessas ferramentas, bem abrangentes e autônomas, há também:

....

7. Em [3] e [4] você encontrará um estudo detalhado e comparativo sobre vários *softwares* bibliográficos.

166 \ *Como redigir uma bibliografia*

– módulos especializados na produção de bibliografias, integrados ou complementares a alguns *softwares* específicos de produção de documentos, como por exemplo o módulo BiblioTeX [1] para o *software* LaTeX[8];

– alguns *softwares* de gerenciamento e pesquisa documental que oferecem módulos dirigidos à produção de bibliografias (por exemplo, Biblioscape). A maioria desses *softwares*, utilizados em bibliotecas ou centros de documentação, não possui nem as funções de filtro nem os formatos pré-programados de edição; muitos deles tampouco incorporam um padrão de modelos de fichas pré-programadas tão estruturadas como as oferecidas por *softwares* bibliográficos, o que impõe um grande trabalho prévio de construção da base de referências.

As informações fornecidas aqui se referem exclusivamente aos *softwares* bibliográficos. Além disso, sua evolução é tão freqüente que aqui são apresentadas apenas informações gerais sobre os *softwares* mais conhecidos.

Há alguns anos, os *softwares* bibliográficos ampliaram suas funcionalidades, e, atualmente, são utilizados não apenas para produzir bibliografias e citações, mas também, de modo geral, para produzir e localizar fichas bibliográficas, daí o termo mais recente "*reference management software*" [ou "*reference library*"]. Assim, quanto às funções de gerenciamento e pesquisa, eles se aproximam dos *softwares* de gerenciamento e pesquisa documental utilizados em bibliotecas e centros de documentação, conservando suas particularidades de reformatação e de integração a *softwares* de processamento de texto.

....

8. LaTeX é um *software* de processamento de texto e de composição tipográfica adaptado à produção de documentos técnico-científicos, muito utilizado por matemáticos e profissionais de informática [1].

Os mais antigos estão atualmente nas mãos do mesmo editor: o Institut for Scientific Information. Essa sociedade edita há mais de trinta anos um banco de dados particular, o SCI (Science Citation Index), que referencia citações de artigos.

Outros produtos estão disponíveis no mercado, e, ainda que menos utilizados, devem ser considerados, devido a características particulares (módulos de gerenciamento documental, integração a um *software* de processamento de texto...) ou ao preço. Podemos citar, por exemplo: Biblioscape de CG Information (<www.biblioscape.com>), Bibliographic Pro (<www.bibliographix.com>), Bibliographica de Ziff-Davis (<www.Bibliographica.de>), Citation de Oberon Development (<www.quinion.demon.co.uk/citation7>), Ibidem associado a Bibliographic Manager, Papyrus de Research Software Design (<www.rsd.com>), ou ainda o módulo RefDB para o editor de texto em SGML/XML DocBook[9].

Esses *softwares* podem funcionar nos sistemas operacionais PC e Macintosh (EndNote e ProCite; o Reference Manager só funciona no Windows); alguns também funcionam no Unix e, recentemente, no Linux.

Todos esses produtos são americanos, portanto a interface de consulta é em inglês (exceto no BibliomacPC, raro produto francês), o que pode gerar problemas no caso de utilização pouco freqüente.

Além disso, para serem corretamente utilizados, uma vez adquiridos os princípios e métodos documentais, essas ferramentas requerem uma formação mais ou

....

9. Projeto RefDB, OSDN (Open Source development network), 2001. Disponível em: <sourceforge.net/projects/refdb>. Acesso em: 5 set. 2001.

168 \ *Como redigir uma bibliografia*

menos aprofundada dependendo do tipo de uso: criar notas ou bibliografias, recuperar bibliografias automaticamente, gerar bibliografias multibase, consultar bancos de dados… As dificuldades encontradas podem ser medidas pela amplitude das formações específicas desenvolvidas nas instituições ou empresas e pela produção de manuais [5], alguns em francês, disponíveis *on-line* [6] [7] [8] [9]. Algumas *mailing lists* ou grupos de usuários (por exemplo do EndNote <www.endnote.com/home/help/en-interest.htm>) complementam de modo eficaz essas ferramentas pedagógicas.

Último ponto a considerar: os preços.

Os *softwares* bibliográficos, que podem ser utilizados de imediato, são menos caros que os SGBD. Mas, para uma versão completa para uso pessoal, com tarifa de professor/estudante, será necessário entre 300 e 400 € (2001), sem considerar as taxas, para comprar os produtos mais triviais (EndNote, ProCite ou Reference Manager), o que pode parecer muito para um estudante. Alguns *softwares* são menos caros – mas não possuem distribuidor na França –, como o Biblioscape (200 €) ou o Bibliographica Pro (cerca de 80 €), porém deve-se pagar um imposto de cerca de 22% sobre seus preços. Preços reduzidos são oferecidos para compras em grande quantidade, permitindo que alguns estabelecimentos escolares ofereçam, aos alunos, tais *softwares* a preços mais em conta.

Atualmente, nos Estados Unidos e no Canadá[10], outras iniciativas comerciais visam a reduzir ainda mais o

....

10. "E-academy and ISI ResearchSoft make EndNote 4.0 software available to students on a rental basis", ISI ResearchSoft, 4 de maio de 2001. Disponível em: <www.isi-researchsoft.com/pr-eacademy.asp>. Acesso em: 5 set. 2001.

custo de utilização desses *softwares* pelos estudantes, com a oferta de locação de *softwares* bibliográficos por alguns meses. Ao final do período de locação, é possível recuperar, em formato texto, a base de referências construída e ampliada, assim como a bibliografia independente produzida para o trabalho.

4. QUAL É O FUTURO DOS *SOFTWARES* ESPECIALIZADOS?

Mas qual é o futuro dos *softwares* especializados em formatação de bibliografias?

Parece indispensável compreender que a informatização da produção de bibliografias, tal como existe atualmente, origina-se de práticas antigas, tanto em relação à produção de textos como em relação à realização de bibliografias, e que o impacto da internet e da *web* – e das tecnologias da informação (TIC) em geral – não foi, até agora, considerado em sua dimensão plena. O fato de três dos *softwares* mais utilizados estarem nas mãos do mesmo editor pode ser um alerta a esse respeito.

A análise do desenvolvimento das tecnologias, e em particular da *web*, desses dez últimos anos, no que se refere à produção de bibliografias, evidencia alguns impactos sobre os conceitos de documentos e fonte.

Sem entrar em detalhes, duas características dessa evolução serão expostas aqui:

– os metadados de documentos estruturados;

– a consideração aos *hiperlinks*.

170 \ *Como redigir uma bibliografia*

4.1 Os metadados de documentos eletrônicos

Os documentos eletrônicos, como por exemplo os produzidos no formato HTML na *web*, contêm não apenas a informação principal (o conteúdo "texto" ou "imagem"), mas também informações sobre sua estrutura e seu contexto de produção, de difusão etc. Essas informações sobre o documento e sua estrutura, que integram ou acompanham o próprio documento, denominam-se metadados.

Os metadados englobam os elementos de dados necessários às referências bibliográficas: título, autor, data…[11] (ver fig. 2).

Quando essa prática de referenciação no interior do próprio documento for ampliada, técnicas automáticas poderão ser aplicadas para produzir uma referência, ou até mesmo uma bibliografia, a partir do próprio *corpus* de documentos eletrônicos, segundo determinado estilo.

4.2 *Hiperlinks* de documentos da *web*

No exemplo anterior [fig. 2], um único documento, no caso um artigo publicado em uma revista eletrônica, estava associado a uma página HTML. Mas as possibilidades de inserção no interior de um documento com *links* para outros documentos ou partes de documentos e as possibilidades de co-produção ou de publicação *on-line*[12], assim como as facilidades de atualizações dinâmi-

....

11. Os processadores de texto foram os precursores dessa função há vários anos, com, por exemplo, o módulo "Propriedades", que permite descrever documentos, no menu Arquivo do *software* Word da Microsoft.

12. Ver, a esse respeito, as possibilidades de preprint, por exemplo em astrofísica (<www.lpthe.jussieu.fr/list/astro-ph/new>), ou as

FIG. 2. – Metadados Dublin Core de um documento HTML

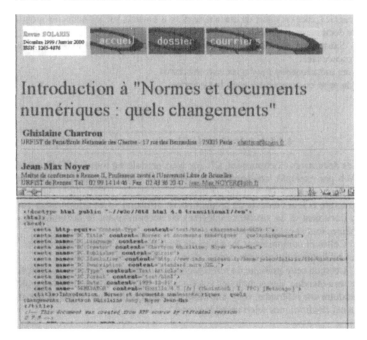

Visualização dos metadados no Menu: *Exibir / Fonte da página* no Netscape (versão 4.5) ou Menu: *Exibir / Código fonte* no Internet Explorer (versão 4).

cas [11], impõem que tanto autores quanto leitores e profissionais da área de documentação se coloquem novas questões. Como definir com precisão o objeto documental a ser descrito: uma página HTML em um *site*? o próprio *site*, em parte ou como um todo? uma página que inclui as páginas dos *links* ou não? Outros proble-

....
possibilidades de publicações *on-line* (e-prints) nas principais áreas da biofísica ("Biophysics Textbook Online": <www.biophysics.org/biophys/society/btol>).

172 \ *Como redigir uma bibliografia*

mas, referentes por exemplo a datas (da página principal ou de cada uma das outras páginas?) e autores (do *site*? da página principal?), são suscitados.

Nem todas essas questões se colocam com a mesma urgência para todos, e seu interesse em logo encontrar respostas para elas dependerá de sua área, pois algumas disciplinas utilizam amplamente essas técnicas para divulgar o mais rápido possível seus trabalhos na comunidade, enquanto outras ainda fazem uso corriqueiro de documentos em papel.

5. CONCLUSÃO

Parece primordial, diante de todas as transformações previsíveis, compreender bem os princípios fundamentais dos **elementos de dados de descrição bibliográfica** e suas finalidades: citar e identificar, sem dar margem a dúvidas.

Nesse contexto, a utilização de um *software* bibliográfico especializado possibilitará que você capitalize suas referências de documentos, ajudará no dia-a-dia a explorar essas referências em seus trabalhos e o deixará preparado para as inevitáveis evoluções, através do desenvolvimento de uma prática de estruturação de dados.

6. REFERÊNCIAS BIBLIOGRÁFICAS

Bibliografia classificada de acordo com a ordem de aparição no texto

[1] Faire une bibliographie avec BibTeX, Frédéric Meynadier. février 2001 [acesso em: 5 set. 2001].

Bibliografia e informática \ 173

Disponível em: <www.eleves.ens.fr:8080/tuteurs/cours/latex/bibtex.html>

[2] Une courte (?) introduction à L A T E X2 " ou L A T E X2e en 88 minutes. Tobias Oetiker, Huber Partl, Irene Hyna et Elisabeth Schlegl. Trad. en français par Matthieu Herrb. Version 3.3. février 1999. flshort-3.3.pdf [acesso em: 5 set. 2001].

Disponível em: <www.laas.fr/~matthieu/cours/latex2e/>

[3] Evaluation of Reference Management Software on NT (comparing Papyrus with ProCite, Reference Manager, EndNote, Citation, GetARef, Biblioscape, Library Master, Bibliographica, Scribe, Refs), Maggie Shapland, University of Bristol, 28 July 1999. Last modified: Jan 2000 with details about Biblioscape licensing and support for word processors, 29 March 2000 with clarification about use of Netscape with Biblioscape (in the summary), 31 March 2000 minor corrections to Ref (upgrade charge, and merging databases, detail of 7.8.1 in summary) [acesso em: 5 set. 2001].

Disponível em: <www.cse.bris.ac.uk/~ccmjs/rmeval99.htm>

[4] Bibliography formatting software: an evaluation template head-to-head comparison between Library Master (Windows v.4.11), ProCite (Windows v.5), EndNote (Windows v.5), Reference Manager (Windows v 9.5), Papyrus (Macintosh v.8), via an evaluation grid, Francesco Dell'Orso. University of Perugia (Italy). 6ª ed., 30 octobre 2001 [acesso em: 4 jan. 2002].

Disponível em: <www.burioni.it/forum/ors-bfs.htm>

[5] Guide d'accès à l'information en médecine et sciences de la santé / Evelyne Mouillet. - Paris: ADBS Éditions, 2001. - 195 p.

[6] EndNote 3 pour Macintosh, Bruno Didier. Institut Pasteur. 1997. Dernière mise à jour: 26 avril 2001 [acesso em: 5 set. 2001].

174 \ *Como redigir uma bibliografia*

Disponível em: <www.pasteur.fr/infosci/biblio/formation/endnote/index.html>

[7] Manuel EndNote 3.0, Christine Aubry. [2000] [acesso em: 5 set. 2001]. PDF. Disponível em: <www.msh.alpes.prd.fr/Documentation le_manuel_endnote.htm>

[8] FAQ d'End Note et autres logiciels bibliographiques, IRD [Institut de recherche pour le développement]. Dernière modification le 16/07/2001 [acesso em: 23 ago. 2001].

Disponível em: <www.mpl.ird.fr/documentation/Faqndnote.htm>

[9] Saisie de références bibliographiques avec EndNote 3.0: recommandations et règles de saisie, Raphaël, L. Grenoble (Fr): CCO, août 1999, mis à jour le 6-12-1999 [acesso em: 10 dez. 2000]. Disponível em: <www.dodge.upmf-grenoble.fr:8001/temporaire/lr99inforefgrilles.htm>

[10] Discussion of software for citations and bibliographies [lista de discussão]. Août 1992 [acesso em: 23 ago. 2001]. Disponível em: <bibsoft@listserv.iupui.edu>

[11] Les enjeux des e-prints ou les sciences à l'heure des réseaux électroniques, Ghislaine Chartron. InternetActu. 22 février 2001 [acesso em: 10 set. 2001].

Disponível em: <www.internetactu.com/edoc/edoc22.html>. E-doc22.

Conclusão

Esta obra deveria permitir àqueles que a utilizarem "simplificar, unificar e especificar" a produção de bibliografias, ou seja, normalizar essa prática (ver Introdução, p. 1). Uma normalização indispensável no contexto atual, e da qual faz parte a utilização de metadados nos objetos documentais disponíveis na *web*.

Além disso, o desenvolvimento dos recursos eletrônicos modifica profundamente a noção clássica de documento. Já em 1997, a IFLA publicava o modelo entidade-relação FRBR (*Functionnal requirements for bibliographical records*), modelo conceitual de dados que poderia levar à "fragmentação da nota bibliográfica tradicional em unidades discretas de informação" (segundo Patrick Le Boeuf, em sua comunicação na 67ª Conferência da IFLA, em agosto de 2001). Outros modelos estão sendo testados, e o objetivo atual é a integração e/ou a interoperabilidade entre diferentes métodos de descrição de uma profusão de informações heterogêneas.

Essa profunda transformação do tratamento profissional da informação documental está ligada à evolução do contexto tecnológico da produção de informação. Dentro em breve provavelmente ela será levada em conta

176 \ *Como redigir uma bibliografia*

nas práticas bibliográficas de professores e editoras, o que, por conseguinte, levará a uma homogeneização das regras de redação estabelecidas a partir de elementos de dados estruturados presentes no documentos a serem citados. Os estudantes, pesquisadores, autores diversos e profissionais da informação-documentação poderão, então, produzir, como complemento a seus trabalhos, bibliografias organizadas de forma racional, mais fáceis de serem lidas e utilizadas.

A razão de ser das bibliografias reside na contribuição que trazem para a difusão dos conhecimentos e, nessa medida, para o desenvolvimento da ciência.

Algumas normas[1] úteis

1. Referências bibliográficas e descrições bibliográficas

FD Z 44-065. Septembre 1998. Documentation. Catalogage des vidéogrammes. Rédaction de la description bibliographique. Annexe A, description bibliographique minimale des vidéogrammes

FD Z 44-066. Décembre 1988. Documentation. Catalogage des enregistrements sonores. Rédaction de la notice phonographique. Annexe A, description phonographique minimale des enregistrements sonores

FD Z 44-077. Septembre 1997. Documentation. Catalogage de l'image fixe. Rédaction de la description bibliographique. Annexe B, description bibliographique allégée

ISO 690. Août 1987. **NF Z 44-005.** Décembre 1987.

Documentation. Références bibliographiques: contenu, forme et structure [Documentação. Referências bibliográficas: conteúdo, forma e estrutura]

NF ISO 690-2. Février 1998. Information et documentation. Références bibliographiques. Documents électroniques, documents complets ou parties de documents [Informação e documentação. Referências bibliográficas. Documentos eletrônicos, documentos no todo ou em parte]

....

1. (até outubro de 2001). Ver cap. 2, §8.2.

178 \ *Como redigir uma bibliografia*

2. Compilações

Os textos de normas que concernem à descrição de documentos e à elaboração de catálogos por profissionais da informação-documentação estão reunidos em duas compilações:

Documentation. – 7e éd. – Paris: AFNOR, 2000. – 3 vol. – (Recueil de normes françaises). – ISBN 2-12-234470-9

T. 1: Présentation des publications et recherche documentaire. Numérotation internacionale des publications. Translittération

T. 2: Éléments de données bibliographiques et protocoles

T. 3: Description bibliographique et accès à la description

Reúne em três volumes uma parte das normas citadas anteriormente

Formation des bibliothécaires et documentalistes. Normes pour l'épreuve de catalogage. – Paris: AFNOR, 1998-1999. – 3 t.

T. 1: [Monographies, périodiques, accès normalisés]. – 4e éd. – 1999

T. 2: Références bibliographiques, parties composantes, cartes. – 3e éd. – 1998

T. 3: Images fixe et animée, sons. – 3e éd. – 1998

Reúne em três volumes uma parte das normas citadas anteriormente

Para acompanhar a atualização das normas, consultar:

– *site* da Afnor: <**www.afnor.fr**> e seu catálogo de normas

Normes en ligne. – In Association française de normalisation: élaboration, homologation et promotion des normes, information, ventes de produits [*on-line*] / AFNOR. – 1997-2001, dernière mise à jour 31-10-2001 [acesso em: 5 nov. 2001]. – Disponível em: <normesenligne.afnor.fr>

– *site* da ISO: <**www.nic.ca/iso/tc46**>, <**www.iso.ch/iso.fr/ Standards/**>

Para conhecer a norma de metadados do Dublin Core:

Guide d'utilisation du Dublin Core / Diane Hillmann; trad. Guy Teasdale. – 2001-01-15 [acesso em: 8 out. 2001]. –

Agumas normas úteis \ 179

Disponível em: <www.bibl.ulaval.ca/DublinCore/usageguide-20000716fr.htm>*

Para acompanhar a atualização dos metadados, consultar:

– *site* do World Wide Web Consortium (também denominado W3): <**www.w3.org**>

....

* A versão em francês deste manual é parcial. A versão completa, em inglês, atualizada em 7 nov. 2005, está disponível em <www.dublincore.org/documents/usageguide>. [N. da T.]

ÍNDICE REMISSIVO

Aqui estão listadas as principais palavras-chave que não constam no sumário. Cada termo remete ao número das páginas. Os números em negrito se referem às páginas em que há uma definição do termo.

A

Arquivo (conjunto de documentos) **56**
Artigo **56**, 78
Autor **117**, 102

B

Trailer **61**
Banco de dados **56**, 159
Base de dados **56**
Bibliografia **91**, 99
Patente **56**, 83

C

Capítulo **56**
Citação 96, **109**, 164
Classificação 103
– alfabética por autor 107, 121, 143
– cronológica 121, 134
– sistemática 120, 122
– temática 108, 151
Coleção **39**
Contribuição **57**

D

Data **31**, 47
Documento **57**
Documento audiovisual **57**, 64
Documento principal **57**
Dublin Core, *ver* Metadados

E

Editor **29**
Editor responsável 21
Edição **24**
Elemento de dados **14**, 53

182 \ *Como redigir uma bibliografia*

EndNote 165
Registro **61**
Gravação sonora, *ver* Fonograma

F
Fac-símile **61**
Fichário **57**
Filme **57**
Filtro 160
Formato-alvo 160
Formato-fonte 160
Fórum de discussão **58**, 81

G
Galeria de estilos 162

I
Imagem fixa **58**, 63
Índice 116, 131, 152
ISAN (International Standard Audiovisual Number) **43**
ISBN (International Standard Book Number) **43**
ISMN (International Standard Music Number) **43**
ISRC (International Standard Recording Code) **44**
ISRN (International Standard Technical Report Number) **44**
ISSN (International Standard Serial Number) **44**
ISWC (International Standard Musical Work) **44**

L
Hiperlink 170
Mailing list **58**, 81
Lista de discussão, *ver* também *Mailing list*
Lista de discussão, *ver* Fórum de discussão
Lista de referências **99**, 112
Software bibliográfico 156
Software de gerenciamento de base de dados, *ver* SGDB
Softwares disponíveis no mercado 165

M
Memorial 86
Mensagem eletrônica **58**, 82
Metadados **50**, **170**, 171
Monografia **58**, 62
Multimídia **59**
Música impressa **59**

N
Norma **59**, 84, 177
Nota de rodapé **98**, 111
Números internacionais normalizados **42**

O
Obra audiovisual **59**

P
Parte componente de um documento **59**
Fonograma **58**

Índice remissivo \ 183

– gravação 65
Pontuação 17, 104
ProCite 165
Produtor 18, **29**
Programa de computador **60**
Publicação **60**
Publicação seriada 25, **60**, 67

R
Relatório **61**, 88
Realizador 18
Redator 18
Reference Manager 165
Reimpressão (fac-símile) 61
Recurso eletrônico **57**, **60**
– acesso 40
– data 34

S
SGBD 157
Fonte de informação **16**, 48
Estilo de apresentação 100

T
Tese 48, **61**, 86
Título 21
Transcrição 16
Transliteração 16

U
URL (*Uniform Resource Locator*) 41

V
Versão **25**, 95

IMPRESSÃO E ACABAMENTO:

YANGRAF Fone/Fax:
6195.77.22
e-mail:yangraf.comercial@terra.com.br